WAC BUNKO

日本をつくったのは誰か

ねずさんが描く異説の日本史

小名

WAC

はじめに

私たちは、自分が暮らす〝日本〟という国について、どれほどのことを知っているでしょうか。

世界には200近い国々がありますが、日本ほど独自の歴史と文化を育《はぐく》んできた国はそう多くはありません。日本の社会制度、家族観、宗教観、道徳観、そして国の成り立ちまで、そこには数千年の歴史の中で培《つちか》われた知恵と工夫が詰まっています。しかし、現代の私たちは、日本人がどのようにしてこの国を形づくってきたのかを、意外と知らないのではないでしょうか。

たとえば、日本人はなぜクリスマスを祝い、大晦日に除夜の鐘を聞き、元日には神社に初詣に行くのか。なぜ「家」という単位が長い間、個人よりも重視されてきたのか。なぜ西洋とは異なり、極端な貧富の差が生じにくい社会が形成されてきたのか。そして、なぜ日本は一神教ではなく、八百万《やおよろず》の神々を信仰する文化を持つに至ったのか――。

本書では、こうした日本の成り立ちや価値観の根源を探りながら、日本という国がどのように形成され、どのような思想が日本を支えてきたのかを、さまざまな歴史のエピソードを中心にまとめてみました。一つひとつの物語には、暖かさがあり、涙があります。

私たちの祖先は、単なる「支配」と「服従」の関係ではなく、共同体としてともに生きることを大切にしてきました。土地や財産は個人の所有物ではなく、家族や村、そして国全体の共有財産とされ、みんなで守り、分かち合うことを当たり前の常識にしてきました。これは、西洋の「個人所有」の概念とは大きく異なります。

さらに、日本人の宗教観もまた、西洋の「信仰とは救済のためのもの」という考え方とは異なり、「神様になるための道」という独自の思想を持っています。神道は、特定の神を信じることではなく、良い生き方を学び、子孫に伝えていくことに重きを置いています。このため、日本は外来の宗教や思想を柔軟に受け入れながらも、自らの文化を失うことなく発展することができました。

日本人の価値観が大きく変わったのは明治維新と戦後改革です。日本社会の伝統的な「家」の概念が崩れ、個人主義が浸透したことで、社会のあり方も大きく変わりました。

西洋型の制度を導入し、急速に近代化を進めたことが、現在の私たちの生活にどのような影響を与えているのかも、本書では詳しく触れています。
本書を通じて、私たちが暮らす日本という国の奥深さを再認識し、未来へと受け継ぐべき価値を考えるきっかけになれば幸いです。これまで何気なく過ごしてきた日々の中に、日本の伝統や文化がどのように息づいているのか、ぜひ一緒に探っていきましょう。

最後に、本書を執筆するにあたり、これまでの人生で出会ったすべての先生方、ご先祖、そして日本のために尽くされた英霊の皆様に、心からの感謝を申し上げます。皆様の教えや遺《のこ》してくださったものがあったからこそ、今日《こんにち》の私があり、この書を世に出すことができました。そして、このたびの出版に際し、多大なるご支援をいただいたワック株式会社の皆様にも、深く御礼申し上げます。
日本の歴史と文化に思いを馳《は》せ、未来へとつなぐ一助となれば幸いです。

陽光うららかな日に

小名木善行

日本をつくったのは誰か

ねずさんが描く異説の日本史

◎目次

第3章 明治
「日本人」は命懸けで〝近代国家〟をつくった

第4章 大正、そして先の大戦から現代
素晴らしい日本を遺すために

装幀／須川貴弘（WAC装幀室）

第1章 日本の黎明期

民のために、民とともに生きた古代天皇

日本の黎明《れいめい》期において、国の礎《いしずえ》を築いた英明な君主たちは、何を大切にし、どのような考えをもって統治を行ったのでしょうか。仁徳《にんとく》天皇は、民《たみ》の暮らしを第一に考え、「かまどの煙」を通じて国政のあり方を示しました。神社の手水舎《ちょうずしゃ》には、日本人が古くから重んじてきた「清め」の思想が宿っています。また、庶民を見下すような報道姿勢をとる朝日新聞のあり方を通じて、現代における社会の価値観の変化も見えてきます。本章では、日本の黎明期において育《はぐく》まれた精神と、現代につながるその意義について考察します。

1　仁徳天皇――「かまどの煙」に政治の理想が

第16代・仁徳《にんとく》天皇にまつわる逸話《いつわ》を通じて、日本の政治の本質を考えてみましょう。

仁徳天皇の逸話に学ぶ日本の政治の本質

物語の舞台は、仁徳天皇が御即位されて4年目のことです。天皇は難波高津宮《なにわのたかつのみや》から都の様子を眺められました。すると、家々のかまどから煙が立ち上っていないことにお気づきになられました。

「民《たみ》のかまどから煙が上がらないのは、貧しくて炊《た》くものがないからではないか。都がこのような状態であれば、地方はさらに深刻な状況に違いない」

このようにお考えになられました天皇は、臣下たちに、

「向こう3年間、税を免除するように」

とお命じになられました。この話は広く知られていますが、実は続きがあります。

3年後、仁徳天皇が三国峠《みくにとうげ》の高台から都を見渡されますと、そこには、かまどから盛んに煙が立ち上る光景が広がっていました。この様子をご覧になられた天皇は、皇后に向かってこう仰せになられました。

「朕《ちん》はすでに富んだ。喜ばしいことだ」

皇后は不思議に思ってお尋ねになられました。

「どうしてそのようにおっしゃるのでございましょう。宮殿の垣根は崩れ、屋根も破れたままでございますのに……」

それに対し、仁徳天皇は微笑みながらこうお答えになられました。

「磐姫《いわのひめ》皇后よ、よくお聞きなさい。政治《まつりごと》とは、民を第一に考えるべきものです。その民が豊かになっているのだから、朕も富んだことになるのです」

仁徳天皇の物語には、さらに続きがあります。

税の免除から3年が経ち、都の民は豊かになり、人々の暮らしも安定しました。当時の様子を『日本書紀』は、「道に物を置き忘れても拾っていく者すらいないほどであった」と記述しています。社会は秩序を取り戻しました。そんな中、諸侯たちは天皇にこう申し出ました。

「民は豊かになりましたが、宮殿は破れたままです。今こそ税を納め、宮殿を修理させていただきたく存じます。さもなくば私たちが天罰を受けてしまうでしょう」

しかし、仁徳天皇はその申し出を受け入れず、なお3年間、税の免除を続けることをご決断なさいました。

こうして6年の歳月が流れました。ついに仁徳天皇は税の徴収を認め、宮殿の修理を許可されました。その時の様子を『日本書紀』は次のように記しています。

「民、うながされずして材を運び簣《こ》を負い、日夜をいとわず力を尽くして争い作る。いまだ幾《いく》ばくを経ずして宮殿ことごとく成りぬ。故《ゆえ》に今に聖帝《ひじりのみかど》と称し奉る」

このとき民衆は、天皇に深く感謝して、誰に命じられることもなく、また強制されることもなく、自発的に宮殿の修理に取り組んだのです。昼夜を惜しまず、材料を運び、荷物を背負い、まるで競い合うように力を尽くして工事を進めたのです。その結果、わずかな期間で皇宮は見事に修復されました。

彼らは、単に「減税してもらえて良かった」と思うだけでなく、感謝の気持ちを忘れることなく、天皇への恩義に応えようとしたのです。日本の歴史において、この「報恩感謝《ほうおんかんしゃ》」の精神は、社会を支える重要な価値観として受け継がれてきました。

仁徳天皇の物語は、政治の本質を示すだけでなく、民《たみ》と為政者《いせいしゃ》が互いに信頼し合い、支え合う社会こそが理想であることを私たちに教えてくれます。

「シラス統治」にみる日本の政治思想

仁徳天皇がこれほどまでに民に慕われた理由は、単に税を免除したからではありません。

実は天皇の政治《まつりごと》には、さらに深い意図と行動があられたのです。そのひとつが、大規模な土木事業の推進です。

〈仁徳天皇の主な土木事業〉

①難波《なにわ》の堀江《ほりえ》の開削
②茨田堤《まんだのつつみ》の築造（日本最初の大規模土木事業）
③山背《やませ》の栗隈県《くりくま》（京都府城陽市北西部～久世郡久御山町《くせぐんくみやまちょう》）に灌漑用水《かんがいようすい》を築造
④茨田屯倉《まむたのみやけ》を設立
⑤和珥池《わにのいけ》（奈良市）を築造
⑥横野堤《よこのつつみ》（大阪市生野区）を築造
⑦感玖大溝《こむくのおおみぞ》（大阪府南河内郡河南町《かなんちょう》）を掘削し、広大な田地を開拓

これらの事業は、税の免除を行った後に実施されました。長引く凶作に苦しんでいた時代から、6年という歳月をかけて民と国家の経済を回復させ、十分な食料備蓄が可能となった時点で、仁徳天皇は本格的な土木事業に着手されたのです。

この逸話は、日本の伝統的な統治理念である「シラス」に基づいています。日本において、天皇は国家の最高権威ではありますが、権力を直接振るう存在ではありません。諸外国の王や皇帝とは異なり、国家の最高権力者ではなく、むしろその上にある存在です。

天皇は、日本の民衆を「おほみたから（大御宝）」とされました。天皇の部下である政治権力者たちは、その天皇の「おほみたから」たちが、いまよりも少しでも豊かに安全に安心して暮らせる国にしていくための努力をすることが仕事とされました。

政治権力者が社会の頂点に立てば、権力は民を奴隷にします。けれど、その民が天皇の「たから」となれば、奴隷にすることはできません。なにしろ最大の「たから」なのです。この考え方は、日本の歴史において、権力者が民を私有民（隷民）とすることを防ぎ、民衆が支配者の道具となることなく、権力者もまた民を私物化できないという社会構造を実現してきました。これこそが日本の古代から続く知恵です。

対照的に、諸外国では国家の最高の存在が権力者そのものです。そのため、権力者の下にある民衆は、支配者によって私物化され、自由を奪われてきました。権力者は民の生殺《せいさつ》与奪《よだつ》の権を握り、民衆は支配者の意のままに動かされる存在とされてきたのです。

しかし、日本では、権力者よりもさらに上位に天皇がいらっしゃいます。この構造により、政治権力者の役割は「民衆が豊かに、安全に、安心して暮らせる社会をつくること」に集約されてきたのです。

大阪平野の開発と日本最初の土地改良事業

現在の大阪市から仁徳天皇陵のある堺市にかけて広がる平地は、かつて半分は海、半分は沼地や雑木林でした。仁徳天皇はこの土地を開墾し、日本史上まれに見る広大な田畑を築かれました。そのために必要な水路や堤防、貯水池を整備し、収穫した米を蓄《たくわ》えるための米倉まで建設されました。

なかでも茨田屯倉《まむたのみやけ》については、「皇族や貴族が直轄の田畑を築いた」と説明されることがありますが、これは大変に「誤解を招きやすい表現」です。なぜなら「屯る《たくわえ》」は貯蔵を意味し、「倉《くら》」はその保管場所を意味する言葉だからです。つまり、茨田屯倉とは災害や飢饉《ききん》に備えて食料を蓄えておくための施設だったのです。

屯倉《みやけ》の制度は大化の改新後に廃止されましたが、それは朝廷が食料備蓄場所を全国に拡大する政策をとったためです。新たな備蓄施設が置かれた場所が、国社《くにつやしろ》です。いまでは全国諸所で一宮《いちのみや》などと呼ばれる神社になっていますが、それらは地方自治の政庁というだけでなく、そこに米倉が置かれ、地域が水害や火災などの災害に見舞われたときのために、お米を備蓄する場所でもあったのです。

ちなみにお米は、白米の状態ですと、常温で保存できる期間がおおむね3～6カ月とされています。これは精米後、酸化や劣化が進みやすく、また特に夏場に虫やカビが生えるリスクが高まるためです。

これが玄米になると、その倍近く保存が可能ですが、胚芽《はいが》部分が酸化しやすいため、やはり常温保管では6カ月～1年の保存期間になります。ところが、もみ米（籾付きの米）の状態で保存すると、3〜5年、さらに冷暗所で保存すると、なんと20年経っても食べることができるのです。さらに保存状態が良いと、数千年後でも発芽することが確認されています。お米の生命力って、すごいです。

こうして村々などの神社でお米が備蓄されるようになるのですが、この伝統は、現在でも奉納米という形で受け継がれています。

やがて、仏教の普及とともに食料備蓄の管理を庄屋さんが担うようになり、さらに時代が進むと、複数の庄屋が管理する備蓄を武家が統括する仕組みへと変化していきました。

このように、仁徳天皇の政策は日本の社会システムに長く影響を与え続けたのです。

今も受け継がれる「民を第一とする政治」

戦後の日本は、アメリカの影響を強く受けた社会へと変化しました。しかし、それでも日本人の精神には、仁徳天皇の「シラス統治」の考え方が受け継がれています。

例えば、平成23年（2011）の東日本大震災のとき、日本の国民は国を信頼して、高い民度を示しました。災害時の混乱の中でも暴動が起きず、人々が助け合いながら復興に向けて努力する姿は、世界から称賛されました。先述したお米の備蓄の制度化は、初代神《じん》武《む》天皇の時代より続く、我が国独自の制度です。

また神武天皇によってなされた我が国の「建国宣言（建国の詔《みことのり》）」には、「まごころこめて、おほいなる、ひらきひろめる『みやこ』をつくる」とあります。ここでいう「みやこ」というのは、西洋の王様のいるキャピタル（首都）ではありません。

大和言葉は一字一音一義であり、「み」は大切な、「や」は屋根のある、「こ」は米倉を意味します。仁徳天皇は、その米倉の規模を、かつてないほどまでに巨大化されたのです。

仁徳天皇の「かまどの煙」の逸話にあるように、日本の政治の本質は「民が豊かに安全に安心して暮らせるようにすること」にあります。この精神を未来に受け継ぎ、政治の本来あるべき姿を改めて見つめ直すことが、私たちにいま求められているのではないでしょうか。

仁徳天皇陵と古墳建設の本当の意味

仁徳天皇といえば、日本最大級の古墳が有名です。古墳の建設については、「豪族が権威を示すために民衆を強制労働させた」とする説もあります。しかし、仁徳天皇陵の建設には膨大な労力と資源が必要であり、この説には疑問が残ります。

大林組が昭和60年（1985）に行った試算によると、当時の工法で仁徳天皇陵を築造するには、

・総工期――15年8カ月
・総作業員数――681万人
・総工費――796億円（1985年の貨幣価値換算）

が必要だったとされています。しかし、当時の日本の人口は400万～500万人ほど

でした。つまり、日本の人口よりも多い人々が15年以上も農業を放棄し、食べ物もなく、工事だけに従事し続けなければ、あの巨大な古墳は築けないという計算になります。これは現実的ではありません。

実際には、古墳は大規模な土地開発の副産物として築かれたと考えられます。土地の開拓によって発生した大量の残土を計画的に盛り上げることで、古墳が形成されます。現代であれば、こうした残土はダンプカーで運ばれ、埋め立て地の造成などに活用されます。しかし、古代にはダンプカーがありません。したがって、開発した土地の中に計画的に盛土を行う必要があり、それが結果として古墳の形をつくり上げたと考えられます。

単に土を盛るだけでは、大雨の際に土砂が流出し、周囲の田畑に被害を与えます。従って、古墳が、残土の盛土であったとしても、その建設には長年の経験と高度な計画性が求められます。

また、古代の土地造成はすべて手作業で行われ、しかも作業は農閑期に限られていました。そのため、土地の開墾と古墳の築造は密接に結びついていたと考えられます。つまり、古墳は単なる権力の象徴ではなく、土地の開発と食料生産の向上を目的とした、計画的な土木事業の象徴なのです。

仁徳天皇の偉業は、単に大きな古墳を築いたことにあるのではありません。広大な農地を開発し、民を豊かにする政策を実行したことにあります。その結果として、仁徳天皇は、いまもなお、民から深く敬愛される存在であられるのです。

人命を顧みない労働環境

仁徳天皇と異なり、王が民衆を「使役して」巨大工事を行った実例があります。それが、隋《ずい》時代に建設された京杭《けいこう》大運河です。

京杭大運河は、北京から杭州までを結ぶ総延長2500キロメートルに及ぶ巨大な水路です。築いたのは隋の2代目皇帝・煬帝《ようだい》です。彼は西暦604年に即位し、605年から大運河の建設に着手しました。そしてわずか5年後の610年には、見事な運河を完成させてしまったのです。これはすごいことです。けれど、その過程は過酷なものでした。

煬帝は、運河の建設のために女子供を含む100万人もの民衆を強制的に動員し、巨大な運河を掘り進めました。民衆は過酷な労働に従事させられ、食事すら十分に与えられず、昼夜を問わず働かされ、衰弱して死に至る者も少なくありませんでした。それでもなお、お尻に少しでも肉が残っていたら「まだ動ける」として働かせ続けられたのです。

このような強制徴用や強制労働は、世界中に類似の例がありますが、基本的な特徴は共通しています。

(1)労働者に十分な食事が与えられない
(2)昼夜を問わず酷使《こくし》され、体力の限界を超えて働かされる
(3)衰弱し、死亡した者はほかの労働者の食料とされた

京杭大運河の建設においても、労働者たちのための食糧供給や宿泊施設、衛生環境の整

備などは考慮されていません。彼らは、ただ運河のために動員され、労働力として酷使され、命を失っていったのです。

煬帝は、この運河を「産業振興」と「迅速な軍の移動」のために建設すると説明していました。しかし完成後、彼はそこに豪華な遊覧船を浮かべて、自身の娯楽のために壮麗な行楽を催したのです。この行為は民衆の怒りを買い、次第に「運河建設は、煬帝の物見遊山《ものみゆさん》のためだったのではないか」という疑念が広がりました。

この反発が、やがて隋王朝打倒の大義名分となり、唐王朝の建国へとつながったのです。まさに、煬帝は「運河」をつくって「運」を失ったのでした。

さらに注目すべき点は、京杭大運河の建設技術の乏《とぼ》しさです。隋の大運河は7世紀の大規模土木工事ですが、その工法は非常に単純なもので、「ただ地面に巨大な溝《みぞ》を掘って水を流しただけ」のものでした。

これに対し、仁徳天皇陵はその形状や構造から、最初から高度な計画に基づいて築造されています。

仁徳天皇が崩御された際には、日本最大の古墳である百舌鳥《もず》の陵《みささぎ》に葬られました。「盛土《もりつち》」は、昔は「陵」と呼ばれていましたが、これは大きな丘を意味します。

『日本書紀』の記述には、

「八十七年春正月戊子朔癸卯、天皇崩。冬十月癸未朔己丑、葬于百舌鳥野陵」

とあり、仁徳天皇が崩御された後、百舌鳥野の陵に葬られたと書かれています。つまり、陵墓は生前に用意されたのではなく、土地開発の結果として築かれたものだったのです。民衆は仁徳天皇への感謝の気持ちから、彼をこの地に葬ったのです。

現代日本の政治に問われるもの

ここで改めて、現代の日本と照らし合わせて考えてみましょう。民衆が豊かに、安全に、安心して暮らせる社会を、果たして現代の政治は築けているのかという設問です。

過去30年間、日本の経済成長は停滞し続けています。それにもかかわらず、政府は減税ではなく、増税を議論しています。

また、仁徳天皇の時代（4世紀）には食料自給率が100％をはるかに超えていたのに対し、現代日本の食料自給率は、農林水産省の発表によるカロリーベースで37％、さらに輸入農薬や輸入種を使わずに生産された純粋な国内産の割合は、わずか4％といわれています。

これはどういうことを意味するのでしょうか？

4％という数字は、もし国家レベルのロックダウンが発生して食料輸入が途絶えた場合、日本の総人口1億2000万人のうち、生き残れるのはたった500万人という計算になります。

砂漠地帯が広がるイスラエルですら、食料自給率は100％を超えて食料輸出国になっています。この現実を直視すれば、日本の食料政策の問題がいかに深刻であるかがわかります。

これは単なる自然条件の違いではなく、政治の怠慢の結果です。

いまの我が国の政治は、本当に国民を「おほみたから」として扱っているのでしょうか？ 現状を見ると、目先の政局に終始し、国民の生活を豊かにするための根本的な政策が欠落しているように思えます。その根本的な原因のひとつは、私たちが歴史を忘れた国になっていることにあるのではないでしょうか。

日本の歴史には、仁徳天皇のように民を第一に考え、長期的な視野で国を支えた指導者の存在があります。その知恵と精神を、現代の私たちも学び直すべきではないでしょうか。

2　崇神天皇——疫病対策に成功した秘密

日本の最初の天皇とされる神武天皇は、「始馭天下之天皇《はつくにしらすすめらみこと》」という名で呼ばれます。しかし、同じ読み方の名を持つ天皇がもう一人います。それが第10代・崇神《すじん》天皇です。「御肇国天皇《はつくにしらすすめらみこと》」と呼ばれています。意味は前者が「天《あめ》の下を統一した天皇」、後者が「神々の御意思によって国を治められた天皇」といった意味になります。

災害多発の日本で民をどう守るか

神武天皇の時代には、食料の備蓄が国の基本となりました。当時、冷蔵庫もなく、長期間保存できる食料は貴重でした。そのため、各地から少しずつお米を集め、災害などで食料不足になった村へ分配する仕組みをつくりました。これにより、日本全体が「ひとつ屋根の下で暮らす家族」となって、互いに助け合う社会が実現しました。この精神を『日本書紀』の原文から「八紘一宇《はっこういちう》」と言います。
「八紘一宇」は、あたかも戦時用語のように言われることが多い言葉ですが、いまから2700年近くもの昔に、四方八方（八紘）がひとつ屋根の下（一宇）で暮らす家族となっていこうという、実は「我が国の建国宣言」（建国の詔《みことのり》）に書かれた、我が国が古来、国是《こくぜ》としてきた大切な言葉です。

神武天皇の時代には、まだ冷蔵庫も冷凍庫もありません。そのような時代に、5年10年と長く保存できる食料は貴重です。それがお米であり、このお米を全国で備蓄し、また中央にも「みやこ」と呼ばれる米倉をつくって貯蔵することで、さまざまな天然の災害に備えていこうということが、我が国の建国の詔です。
せっかくの機会ですので、建国の詔の全文をご紹介します。

〈建国の詔〉

われひむかしを　うちてより　自我東征
ここにむとせに　なりにたり　於茲六年矣

すめらきあめの　いをたのみ　頼以皇天之威
あたうつために　おもむかむ　凶徒就戮
ほとりのくには　きよまらず　雖辺土未清
のこるわざわひ　ふさげども　余妖尚梗
うちつくにには　さわぎなし　而中洲之地無復風塵
まごころこめて　おほいなる　誠宜恢廓皇都
ひらきひろめる　みやこをつくる　規摹大壮

いまはこびたる　わかきくら　而今運屬屯蒙
たみのこころは　すなほにて　民心朴素
あなをすとして　すむあるも　巣棲穴住習俗惟常
ひじりののりを　そこにたて　夫大人立制
つねにことわり　したがへば　義必随時
いみじきたみに　りのあるに　苟有利民
ひじりのわざに　さまたげもなし　何妨聖造

やまやはやしを　はらひては
みややむろやを　をさめつつ
たからのくらひ　つつしみて
おほきもとひを　もってしずまん

かみはすなはち　そらのかみ
さずけたまひし　とくのくに
しもにやしなふ　すめみまの
ただしきこころ　やしなはむ
しかるのちには　むつあはせ
みやこひらきて　はちこうを
おほひていへと　なしゆかむ
またよからずや　それみるは
うねひのやまの　たつみかた

且當披拂山林
経営宮室
而恭臨宝位
以鎮元元

上則答乾霊
授国之徳
下則弘皇孫
養正之心
然後兼六合
以開都掩八紘
而為宇
不亦可乎観夫
畝傍山東南

かしはらのちは　くにのなか　橿原地者蓋国之墺区乎
このちにおひて　くにしらしまむ　可治之

ここに「まごころこめて　おほいなる　ひらきひろめる　みやこをつくる」（誠宜恢廓皇都規摹大壮）とあります。その「みやこ」の意味については、前項で述べたとおりです。

日本は災害の多発する列島です。毎年台風がやってきて大雨を降らせて土石流を生み、十数年に一度の割合で全国のどこかしこが大地震に見舞われます。ほかにも干ばつや、津波、土砂崩れ、噴火など、さまざまな災害が人々の生活を脅《おびや》かします。

ただ、不幸中の幸いと申しましょうか、災害そのもので命を失う人の数は、意外と少ないのです。それよりも「二次災害」としての災害後の飢饉《ききん》や火災などによって命を失う人が多い。

そうであれば、とにもかくにも災害に生き残り、火災などの二次災害を防ぎさえすれば、あとは食べることには一切心配はいらない。国が全部、面倒を見るから。というのが、神武天皇の建国の詔の意味です。

この政策は、我が国の民衆にとって、本当に素晴らしい政策となりました。なんと我が国は、第9代・開化《かいか》天皇の時代まで、平和で安定した社会が続くのです。ところがこの時代を「欠史八代《けっしはちだい》」と呼び、なかには「この時代の天皇は実在しなかったのではないか」と疑う人もいます。そうではありません。それだけ神武天皇の功績が大きかったのだ、ということを史書は伝えているのです。

ちなみに「欠史八代の天皇は不在」と述べている人たちも、富士山は知っていると思います。その富士山は『ホツマツタヱ』(「古史古伝」の一つ)によれば、もともとは蓬莱山《はらみやま》と呼ばれていたのだそうです。名前の理由は、全国を回って灌漑《かんがい》農業を行ったニニギネ(ニニギノミコト)が木花之佐久夜毘売《このはなのさくやびめ》と出会って子をもうけた山だから。

この蓬莱山に、第7代・孝霊《こうれい》天皇が登拝されたとき、豪華な藤の花が献上されたのだそうです。孝霊天皇は、これを大変に喜ばれ、蓬莱山の名前を「フジノヤマ」と名付けられました。これが「富士山」の名の由来です。2代目から9代目までの天皇は、ちゃんとおわされたのです。

ところが第10代・崇神天皇の時代に、ある大事件が起こります。

人口の7割が減少した大疫病

それが「疫病」です。台風や地震などの災害は、食料さえあれば復興できますが、疫病はそうはいきません。このときの疫病の流行について、『古事記』は「人口の半分以上が失われた」、『日本書紀』は「人口のほとんどが死滅した」と記しています。

この事件というわけではないのですが、東京大学大学院理学研究科が2019年、日本人男性のDNA解析から「縄文時代の終わりに急激な人口減少があった」ことを明らかにし、この研究成果を英科学誌『サイエンティフィック・リポーツ』に掲載しました。これは、日本人の男性だけが持つY染色体の塩基配列の解析によるもので、Y染色体は父親から息子へのみ受け継がれるため、変異を基に系統を調べることができます。

研究グループは共通祖先をさかのぼる遺伝子系図解析を実施しました。遺伝子の変異が起きる速度を基に過去にさかのぼって人口の推移を推定したところ、約2500年前の縄文時代晩期から弥生時代初期にかけて、人口が大幅に急減していたことが明らかになりました。そして「この人口減少は男性だけでなく、女性を含めた全人口が急減したと推定できる」と発表しました。

さらに当時の日本列島の人口は約26万人でしたが、これがわずかの間に8万人にまで減少したことまで突き止めています。当時の人口の7割が亡くなったことを示します。

我が国の『古事記』や『日本書紀』などの史書に、こうした急激な人口減少を伴う事件の記述があるのは、第10代・崇神天皇の時代だけです。神武創業が紀元前660年、崇神天皇の時代が、その140年後だとすれば、時代感覚は、ほぼぴったり当てはまるといえるのです。

疫病の大流行というのは、現代人の感覚と、昔の人々の感覚では全く異なります。なぜなら歴史上、疫病が何度も人類史に大きな影響を与えてきたからです。

明確な記録に残されているのが、14世紀、モンゴルの大帝国のペストの大流行です。このペストは、モンゴルの交易ルートに乗って、ヨーロッパにまで広がりました。ヨーロッパでは、このときの疫病で人口の6割が死亡したと伝えられています。これが有名なヨーロッパ中世の「黒死病の大流行」です。ペストによって体が真っ黒に変色するから「黒死病」です。この黒死病は、モンゴル帝国の本国（元《げん》）では、当時1億2000万人いた人口の8割が失われたと伝えられています。8割といえば、5人のうち4人までが亡くなったということです。

村は壊滅、地主もいなくなり、モンゴルの皇帝は、たまたま北方のモンゴル高原でペストがまったく流行しなかったため、元の大都、つまり北京の都を捨てて、北のモンゴル高原に帰っていきました。皇帝がいなくなった王城に勝手に入り込み皇帝を名乗るようになったのが朱元璋《しゅげんしょう》という人物で、この人が「明国《みん》」の創業者です。

その明王朝の末期にもペストが大流行し、当時9000万人いた人口が2000万人にまで減少しました。同じく人口の8割が失われたのです。王城も空となり、そこにやってきた女真族《じょしんぞく》の愛新覚羅《あいしんかくら》氏が王宮に入り込んで開始した王朝が「清《しん》王朝」です。

このように、大規模な疫病は国の滅亡につながるほどの危機となったのです。

崇神天皇の決断と神社の改革

崇神天皇の御在世に我が国に上陸したのも、おそらくペストだったのでしょう。人々の体が真っ黒に変色して、次々と亡くなっていくのです。当時はまだ病原菌の存在など知られていません。これは「神々の怒り」と考えたとしても、なんら不思議はありません。

崇神天皇は、事態をなんとか収束《しゅうそく》させようと、みずから神々に祈られるとともに、神社の神官たちに対策を考えさせ、御神託をいただくように求めました。そしてこのとき、皇居内に祀《まつ》られていた天照大御神《あまてらすおおみかみ》が、御神託によって他所へと移され、その後、倭姫命《やまとひめのみこと》によって、いまのお伊勢様にご鎮座されることになりました。

ところがいまも昔も、我が国には大変にたくさんの神社があります。それぞれの神社の神官の方々が、朝廷に、あの神様はこっちへ、この神様はあっちへと、次々と提案してきます。けれどその提案には、まったく矛盾するものまで多々含まれました。こうなると、どうして良いかわからない。

そこで崇神天皇は、全国の神社を4つの階層に分けるご決断をなさいました。それが、

(1)天社《あまつやしろ》……最も格式の高い神社(旧官幣大社など)
(2)国社《くにつやしろ》……各国(地域)の重要な神社(一宮など)
(3)神地《かむどころ》……いまでいう市町村単位の神社
(4)神戸《かむべ》……神社を支えるための領地や村(近所の氏神様など)

これにより神社の役割が整理され、神官たちの朝廷への提案がまとめやすくなりました。

この神社の改革には、ひとつの「おまけ」がありました。

全国のどこの神社から始まったものかはわかりません。けれど、どこかの神社で行われていた「手水舎《ちょうずしゃ》」が、一気に全国の神社に広がっていったのです。

この時代、まだ仏教は伝わってきていません。人々が集まる場所は、村々の神社でした。

その神社に人々が集まるときには、入口付近で、まず手を洗い、口を漱《すす》ぐというルールが、一気に全国へと拡大したのです。

疫病の有名なものに、100年前のスペイン風邪があります。この疫病は、当時の世界20億人の人口のうち5億人が感染し、1億人が亡くなったという疫病ですが、このときにデンマークでは、ほぼほぼスペイン風邪による影響が出ませんでした。

後にわかったのですが、理由は、デンマークの風習として、お食事前にお酒でテーブルを拭くという習慣のためです。それは単に「良い香りがする」という理由で行われていた習慣ですが、これが事実上のアルコール消毒となり、たったそれだけのことで、疫病がデンマークに侵入できなかったのです。

我が国の歴史を振り返ると、このような大規模な人口減少を記録しているのは崇神天皇の時代だけです。つまり、手水舎の設置による衛生対策が、現実の疫病対策として機能し、なんとその後2500年間にわたって、我が国を疫病から護《まも》ってきたのです。

崇神天皇の時の事件以来、我が国にはたびたび、コレラ、らい病、チフス、ペストなど、さまざまな疫病が渡来してきましたが、いつの時代においても10万人を超える死者は出ていません。

この歴史を踏まえると、現代における「マスク着用」や「ソーシャルディスタンス」のような対策が、本当に国民を守るのかを改めて考える必要があるのかもしれません。２５００年前の手水舎の設置と、現代の感染対策。どちらがより効果的だったのでしょうか。

3 『万葉集』――元号「令和」に込められた日本人精神

少し前の話になりますが、「平成」から「令和」へと改元された際、新元号の由来が『万葉集』にあることが話題になりました。『万葉集』は、日本最古の和歌集であり、日本文化の象徴ともいえる存在です。

しかし、「朝日新聞」(2019年4月16日付朝刊)は、以下のような疑問を投げかけました。

・『万葉集』の価値ではなく、その利用のされ方を問い直すべきではないか
・『万葉集』は貴族の文化であり、庶民のものではなかった
・庶民が詠《よ》んだ歌とされるものも実際には彼らの言葉ではなかったのではないか
・『万葉集』に庶民の文化が根付いているというのは明治政府によるつくられた幻想
・『万葉集』の多くは男女の恋愛や日常を詠んだものであり、「海行かば」などの勇ましい歌

が軍国主義に利用された

・戦争に利用された『万葉集』が、なぜ戦後も「日本人の心のふるさと」とされ続けるのか

これらの指摘は、まるで『万葉集』を「国民国家のイデオロギー」であるかのように扱い、政治的なプロパガンダに利用されたという論調になっています。しかし、日本の歴史において「国民国家」とは専制政治を廃し、国民自身がつくる国家を意味するものです。それを「イデオロギー」と決めつける姿勢には疑問を感じざるを得ません。

庶民の文化を否定する「朝日新聞」の姿勢

「朝日新聞」の記事の中で、特に問題なのは「庶民が詠《よ》んだとされる歌は、実際には彼らの言葉ではなかった」という主張です。その理由として、「どの歌も七五調で整っているから」という説明がされています。しかし、これは極めて非科学的な論拠です。

(1) 日本語は七五調で発声するとリズムが整い、言葉として伝わりやすい

（2）田植えの際に歌われる田楽《でんがく》の歌も、古くから七五調で詠まれている

（3）貴族も庶民も、同じ日本語を話していたのに、「庶民の言葉ではない」とするのは、庶民を見下す発想ではないか

そもそも和歌が「貴族の文化だった」というのは、あまりに短絡的な見方です。古代日本では、身分にかかわらず和歌を詠むことが日常の文化であり、伝統でした。だから『万葉集』には、一般の庶民の男女の歌が、それこそ若い世代から、高齢者の歌まで幅広く収蔵されています。

また、「『万葉集』のほとんどは恋愛の歌であり、戦争に利用されたのは一部」とする主張も意図的なミスリードです。文学作品を一部の側面だけを強調して解釈することは、全体像を見誤ることにつながります。

和歌とは、単に七五調の言葉遊びではなく、詠み手の想いや哲学を込めたものです。例えば、額田王《ぬかたのおおきみ》の有名な和歌には、表面的な解釈を超えた深い意味が込められています。

額田王の和歌

あかねさす　むらさき野行き　標野《しめの》行き
野守《のもり》は見ずや　君が袖振る

この歌は一見すると「恋人が袖を振るのは、野守に見られるから恥ずかしいわ」という恋愛歌のように見えます。額田王が逢瀬《おうせ》を野守に見られて「恥ずかしいわ」と詠んでいる、というわけです。

ところがこの歌は、もともと万葉仮名で、

茜草指　武良前野逝　標野行　野守者不見哉　君之袖布流

と書かれています。これを「むらさき野行き　標野行き」と訳していますが、原文は「武良前野逝　標野行」と、「逝く」と「行く」を書き分けているのです。

このことは、単に「むらさき野に行った、標野に行った」では説明できません。

漢字は、一字ごとに意味を持つ記号ですが、使われている漢字を見ると、「武」は「たける」で歪《ゆが》んだものをまっすぐにすること、「良」は良いこと、「前」は物事を切り開くこと、「野」は野原、「逝」はバラバラ、「標野」は野を進むための道標《みちしるべ》のことです。

ということは、「武良前野逝　標野行」は、「バラバラな野原のような世の中を良い方向に切り開いて真っ直ぐにするために示された、野を行くべき標《しめ》し」という意味が込められていることになります。

こうなると歌全体の意味も、

「アカネ草の染料で染めるように、バラバラな野のような世の中を良い方向に切り開いて真っ直ぐにするための進むべき（行くべき）標しによって、野守たち（全国の豪族たち）も、君（天智天皇《てんじ》）の袖振り（指揮・指導）を受け入れていくことでしょう」

という、予言的な意味が込められていることになります。というか、そのように歌意を解釈しないと、「逝く」と「行く」の用語の使い分けの意味が説明できなくなるのです。

額田王はこの歌を遊猟会《ゆうりょうえ》で天智天皇に献上していますが、一見すると不倫の恋を詠んだような歌が、実は巧妙に天皇の御徳を讃《たた》えていることで、おそらく当時の人々は、「さすがは額田王」と喝采《かっさい》を送ったのではないかと、そんな情景さえも浮かぶ歌なのです。

『万葉集』は究極の民主主義を体現している

『万葉集』が「軍国主義に利用された」という視点も、あまりにお粗末です。国の守りは衣食住と並ぶ国の大事です。むしろ私たちの父祖が若き日、軍務という生死の土壇場にあって、なお和歌を愉《たの》しむ心を持っていたことを私たちは誇りに思います。むしろ『万葉集』という1200年以上も昔に編纂された歌集を、現代の軍国主義ならぬ〝反日〟主義に利用しているのはどちらさまでしょうか。

さらに記事は「海行かば」の歌を挙げていますが、この歌は武門の長の家柄であった大伴家持《おおとものやかもち》が長歌の中で詠み入れた歌であり、

「大君《おおきみ》の辺《へ》にこそ死なめ」

と詠まれています。「辺」の旧字は「邊」で、境界から邪神の侵入を防ぐ〝まじない〟の意味を持った会意形声文字です。

先述したように我が国は、天皇が一般庶民を「大御宝《おほみたから》」とする国柄を持ちます。したがって、天皇から選ばれた権力者は足下《そくか》にある庶民を私的に私有することができなくなり、「おほみたから」である民衆が常に豊かに安全に安心して暮らせるようにしていくことが権力者の使命になるという、独特の文化が生み出されました。これを我が国の古い言葉で「しらす」と言いますが、これによって我が国は、権力者による庶民の私的所有を否定し、庶民が〝主役〟となる究極の民主主義を手に入れたのです。

庶民が大切にされる国に、国境から権力者による私的私有という邪悪の侵入を防ぎ、そのために命を懸ける。このことを「大君の辺」と詠んだのが「海行かば」の歌です。表面上は軍歌に見えるかもしれませんが、その奥には民衆が権力の私物となることを否定する強い意思と決意が込められているのです。そうした歌の深さを理解しようともせずに軍国主義の歌と決めつけるのは、日本人として恥ずべきことです。

令和は『万葉集』巻五、梅花の歌32首併せて序「初春令月、気淑風和」と詠まれた歌から採った元号です。

「初春令月」は、「初春《はつはる》はよい月」という意味です。

それなら「良月《よい》」と書いても良さそうなものですが、意図して「令」と書いています。

「令」という字は「人」と「マ」の会意文字で、「人」は神々からの声（天の声）を意味します。

「マ」は人がひざまずいている姿の象形です。つまり「令」という字には、「人々が尊重しなければならない神々の声として」という意味が込められているのです。

初春は、厳しい冬の寒さの後にやってくるものですから、「令月」となれば、

「春の訪れを神々の御意思としてとらえている」

というわけです。そして、その神々の御意思によって、

「気は淑《よ》くて風和《なご》む」

のです。

ということは、ここから採られた「令和」の意味は、「和《わ》して、和《なご》むことが、神々の御意

思である」といった意味になります。

我が国のみならず世界の国々や人々が、和を大切にして淑《しと》やかに和んだ春の風のようなやさしさを持つようにしようというのが「令和」という元号の持つ意味です。実に日本的な情感のある素晴しい元号であるにもかかわらず、『万葉集』と聞いただけで「愛国利用の歴史」などと煽《あお》るのはいかがなものかと思います。

第2章 飛鳥から江戸

「武」によって日本を救った将たち

日本は歴史を通じて、何を大切にし、どのように生きてきたのか。秦河勝《はたのかわかつ》は、詐欺《さぎ》と腐敗を許さない「武」の精神で、世を惑わす「イモムシ教団」を討伐しました。阿修羅像の悲しげな表情には、戦いの勝者としての責任と苦悩が映し出されています。織田信長は「天下布武《てんかふぶ》」を掲げ、弾正忠《だんじょうちゅう》の誇りを体現し、徳川家康は「筋を通す」ことで260年の江戸の平和を築き

1 秦河勝《はたのかわかつ》――人心を惑わす「イモムシ教団」退治物語

7世紀のあるとき、日本が大きく変質してしまいそうな事件が起こりました。それが「イモムシ教団事件」です。『日本書紀』に書かれています。日本人が現世利益のために「イモムシ」を信仰する国になりそうになった事件があったのです。

それは、西暦644年（皇極《こうぎょく》天皇3年）……いまから1400年近くも前のことでした。いまの静岡県の富士市か富士宮市のあたりに大生部多《おほふべのおほ》という者が現れて、ちょっと変わった種類の大きなイモムシを「常世《とこよ》の神」だと称して、イモムシ信仰の宗教団体をつくり、

「なんでも願いが叶う」

と言って、信者に全財産を寄進させたのです。

全財産の寄進を受けるわけですから、当然、大生部は大金持ちになります。そこで大生

部は、

「ほら、イモムシを拝《おが》んだら、こんなにお金持ちになったよ」

と、得た品物を沿道に並べて、信者の女性たちに舞を踊らせて世間の注目を集めました。

それで信者になると、

「幸せになるためにはイモムシを拝むだけではなくて、いったん全財産を教団に寄進しなければならない」

などと言って、信者の財産を取り上げていたのです。


なんだかオウム真理教のような話ですが、イモムシを拝んだところで、幸せが向こうからやってくるはずがないことは、ちょっと冷静になって考えれば誰でもわかりそうなものなのに、人間「困ったときは藁《わら》をもつかむ」です。

怪我をして働けなくなったとか、夫が病気したとか、子が病弱だとか、仕事上で何か悩みを抱えたとか、さまざまな理由でストレスがかかって追い込まれると、どうしても何かに縋《すが》りたくなるものです。このことは、戦後の混乱期に我が国で新興宗教が猛烈に信者を増やしたことを考えると、容易に理解できることかと思います。

大生部は、そうした人々の心のすき間を突くことで、たくみに私財を肥やしました。大生部の行動はエスカレートし、信者からの寄進で得た財物を沿道に並べるだけでなく、ついでに酒や野菜、動物の肉まで陳列しては、

「新しき富が入ってきた」

と若い女性たちに、鳴り物（楽器）付きで、舞い踊らせました。

こうして教団勢力が拡大し、富士市あたりから始まったイモムシ教団は、ついに京の都の人々までも、イモムシを獲ってきては、「これが常世《とこよ》の虫」だとばかり床の間に置いて、歌い舞い、仕事もせずに福《さいはひ》を求めて珍財《たから》を大生部に寄進するようになっていきました。

ところがそれによって豊かになる人はおらず、はなはだ多くの人が損をしてしまう。

危機の時に登場したのが……

このときに登場したのが、有名な秦河勝《はたのかわかつ》です。

秦河勝は、聖徳太子の側近で、悪を憎み、正道を歩む人でした。彼は部下たちを連れて大生部のもとに乗り込むと、問答無用で一刀両断のもとに大生部を斬り倒し、さらに祭壇のイモムシをすべて処理してしまいます。

秦河勝は、秦《はた》という姓が示す通り、ルーツは秦《しん》の始皇帝とされ、この事件よりも100年ほど前にチャイナから日本に渡来して帰化した氏族の族長であった人で、大変に武芸に秀でていたと伝えられています。

そんなことも手伝って、秦河勝は、聖徳太子の側近として活躍し、また蘇我馬子《そがのうまこ》と物部守屋《もののべのもりや》が戦った丁未《ていび》の乱（587年〈用明《ようめい》天皇2年〉）では、物部守屋の追討戦に従軍して聖徳太子を護りつつ、物部守屋の首を討つという大活躍をしています。

そんな秦河勝が、悪徳教祖を討ったということから、巷《ちまた》で流行った歌が遺されています。

太秦《うずまさ》は、

神とも神と　聞こえ来る
常世の神を　打ち懲《きた》ますも

現代語に訳すと、

太秦（＝秦河勝のこと）は、
神の中の神とも言われているよ。
なんたって常世の神を討って
懲《こ》らしめたのだからね。

といった感じになります。

なぜ悪徳教祖を討ったのか

さて、ここで問題です。

秦河勝が「イモムシ教団事件」の悪徳教祖を討った理由は、次の三つのうち、どれでしょうか。

（1）イモムシへの信仰が問題（宗教問題）
（2）大生部が人々を騙《だま》したことが問題（詐欺《さぎ》事件）
（3）大生部の歪《ゆが》んだ自己中心性が問題（人格問題）

人が何を信仰しようが、それは構わないことです。ありとあらゆるものに神聖が宿るというのが日本の古くからの価値観のひとつですから、「イワシの頭も信心から」もあながち不正解とはいえないし、そうであればイモムシを信仰しようと、それ自体は非難するようなことではありません。従って（1）は不正解です。

次に、なるほど教祖の大生部は人を騙して財産を奪い取っていました。しかし厄介《やっかい》なことに、人はイワシの頭への信心でも病気が治ることがあったり、たまたまその信仰を始めると、その瞬間に何らかの良いことが起こったりすることが少なからずあるのです。

ですから、イモムシが「常世の神」であるということが嘘であったとしても、何百人、何千人と信者が増えてくると、たまたま偶然に病気が治ったとか、腰痛が取れたとか、仕事が決まったとか、恋愛が成就したとか、なんらかの良いことが起きる人が一定確率で必ずいるわけです。それがイモムシのおかげかどうかまではわかりませんが、誰かが「それはイモムシ様のおかげです！」といえば、そうなのだと思い込む人も、世の中には出てくるわけです。

従って、あながち「騙した」とばかりは言えず、インチキ教団は、こうした良いことがあると、それを針小棒大に宣伝しますから、また騙されて入信する人が出てくるのです。するとまた、一定確率で、たまたま良いことが起こる人が出てくる。

生きていれば、良いこともあれば、悪いこともあるのです。

いまが悪い状況だから信仰するのなら、必ず好転は起こり得ます。すると厄介なことに、必ずしも「イモムシで人を騙した」とは言えなくなってしまうのです。つまり、詐欺は成立しにくく、(2)も正解とは言えません。

というわけで、正解は(3)です。なぜならこの問題の最大の焦点は、イモムシ信心にあるのでもなく、財物騙取《へんしゅ》にあるのでもなく、ひとえに大生部の、「他人の財産を奪ってなんとも思わない自己中心性にある」と言えるからです。

だから秦河勝は、大生部を問答無用で一刀両断に討ち果たしたのです。この件は、それ以外に解決の道がないのです。

とんでもない国になってしまった

仮に、このとき秦河勝が大生部を討たなかったら、その後の日本はどうなっていたでしょうか。

人体にできる癌《がん》細胞は発達速度が速く、1個が2個に、2個が4個に、4個が8個にと、倍々ゲームで増殖します。たったひとつの癌細胞が、発生から30回ほどの分裂を繰り返すと、大きさは1センチ、細胞の数はなんと10億個ほどになるのです。

これと同じで、もしかすると日本の歴史は、その後、仏教の普及に代わってイモムシ教が普及し、全国にイモムシ寺ができ、21世紀となった現代でも、学校の教室にイモムシ様が飾られるようになっていたかもしれません。そして私たち現代日本人は、1400年以上続く伝統あるイモムシ教の信者として、稼いだお金をイモムシ教団に献上し、日々イモムシ踊りをするようになっていたかもしれません。

人体に癌細胞を食べる白血球などの免疫細胞があるように、世の中にも、正しく人々が相和《あいわ》し、誰もが豊かに安心して安全に暮らせるようにするための「武」の存在が不可欠なのです。かつては日本では、その役割を朝廷の貴族が担い、次の時代には武士が担い、明治以降は師範学校の卒業生や警察が、社会の均衡や正義を貫《つらぬ》く働きをしました。

では、戦後の日本ではどうでしょうか。

不思議なことに人々が豊かに安心して安全に暮らせるようにするための「武」自体が、まるで悪のように喧伝《けんでん》されてはいないでしょうか。このことは、人体でいえば、免疫細胞の行動が制限されているということに等しいのです。するとどうなるかといえば、癌細胞によって正常な細胞たちがひたすら食いものにされ続けることになります。

なにしろ現代日本は、自動小銃や近距離ミサイルにサリンガスまで所持して、これを東京の上空でバラまこうという明らかな破壊活動を行うテロ集団が、何度も人を殺しながらも宗教の名のもとに野放しにされ、もはやサリンガスをバラまくという直前まで放置されたばかりか、その主犯を死刑にするのに20年以上もかかったという、とんでもない国になっています。

何を信じようが勝手ですが、テロは絶対に許されない。本部にサブマシンガンなどを大量に隠し持っている集団が、日本国内にほかにもあるといわれています。そうした危険な集団が野放しにされ、被害が起きるまでは誰も手出しができないというのは、明らかに異常な状況です。

国家は、人々の安全と安心のためにあります。それができない国家なら、それは国家の名を借りた、イモムシ教団のようなものです。

ところが、そんな現代版のイモムシ教団の人たちは、論点のすり替えを行います。つまり本当は（3）の問題なのに、それを（1）や（2）の問題だと論点をすり替えてしまいます。

すると議論百出になって何の対策も打てなくなってしまいます。

けれど、ほんの少しだけ自分で頭を働かせてみれば、何が正しくて何が間違っているのかを、容易に判断することができます。

これからの時代を生きる上で、このことはとても大切なことです。

2　「阿修羅像」――なぜ悲しみの表情を浮かべているのか

戦前の小説家・堀辰雄は、1941年に奈良・興福寺《こうふくじ》の阿修羅像を目にし、その表情について次のように記述しました。

「何処か遥《はる》かなところを、何かをこらえているような表情で、一心になって見入っている阿修羅王の前に立ち止まっていた。なんというういういしい、しかも切ない目《ま》ざしだろう」

（『大和路・信濃路』）

このように、多くの人が阿修羅像の表情から「切なさ」「悲しみ」「耐える心」といった感情を読み取ります。しかし、ここで一つ疑問が生じます。

それは、

「なぜ阿修羅像が悲しそうな表情をしているのか？」

ということです。

そもそも阿修羅《あしゅら》とは、サンスクリット語の「Ａｓｕｒａ」を漢字で表記したものです。

「ｓｕｒａ」は「生命」「生存」を意味し、「a-」はそれを否定する接頭辞です。つまり、「Ａｓｕｒａ」とは「生を否定する者」「生存に反する者」という意味で、これはもともと阿修羅神が、仏教の敵であったことに由来します。インド神話において、阿修羅は天の神々と戦う存在だったのです。ところが阿修羅は釈迦仏教に帰依《きえ》し、仏教を守る側に転じました。それでも阿修羅は、どこまでも「戦いの神」であり、勇ましい戦士であられるのです。

ところが、興福寺の阿修羅像は、戦いの神であるにもかかわらず、両手を合わせて合掌し、まるで物悲しげな表情をしています。なぜでしょうか？

そのヒントは、同じく興福寺にある十二神将像との比較から見えてきます。

十二神将と阿修羅の対比――勇壮な武神との違い

興福寺には阿修羅像と並んで、十二神将の像が展示されています。十二神将は、仏教の守護神として仏敵と戦う将軍です。ですからどの像も、まさに厳《いかめ》しい表情をし、武器を手にして、いまにも斬りかからんばかりの凶暴な姿をしています。

しかし、それに対して阿修羅像はまったく異なる雰囲気を持っています。

阿修羅は、十二神将よりも上位の存在、すなわち「将軍の中の大将軍」であり、十二神将らは、阿修羅の部下という関係に立ちます。そして大将軍ですから、数々の戦いを指揮し、勝利を重ねてきた存在です。そして、戦いがあれば、必ず犠牲者が出るのです。戦いの渦中で亡くなった一人ひとりの兵士には、親もあれば妻子もあります。友もいたことでしょう。彼らの死は、家族や友に計り知れない悲しみをもたらします。つまり大将軍は、「常に戦いに勝つことを使命」としながら、同時に抱えきれないほどたくさんの人々の悲しみを背負う存在でもあるのです。

大ヒットした映画『キングダム　大将軍の帰還』(原作・原泰久)では、俳優の大沢たかおさんの演じる大将軍の王騎《おうき》が、武神と呼ばれるまで修行を重ねた龐煖《ほうけん》という武将と干戈《かんか》を交えるシーンがあります。誰も敵《かな》わないほどの「武の巨人」を相手に、王騎将軍は一歩も引かず、それどころか互角以上の戦いをします。

「どうしてそんなに強いのか」という龐煖に、王騎将軍は「山の中に籠もっていただけのあなたには、わからないでしょうねえ。大将軍というのは数々の戦いを指揮し、多くの兵士らの悲しみを背負っているのです」と応じます。
大将軍というのは、ただ勝てば良いというだけの存在ではないのです。その戦いに参加した両軍の兵士やその家族の思いや命までをも、その両肩に背負う者なのです。

復元された阿修羅像が示す真の姿

現代の仏教彫刻復元の第一人者松永忠興氏が、阿修羅像の復元模造を作成しました。そして関係者一同が驚愕《きょうがく》したのは、復元された阿修羅像が、全身が真っ赤な憤怒《ふんぬ》の色に塗られ、キリッとした口髭《くちひげ》をたくわえ、どれだけ悲惨な報告がなされてもいっさい動じることのない、また、いっさいの反論を許さない酷薄《こくはく》さと冷たさを兼ね備えた威厳に満ちた姿であったことです。

復元像をひと目見たら、誰しも「ああ、この人には何を言っても通じないな」と感じることでしょう。それだけの意思の強さと酷薄さが、この彩色された姿や表情にあります。この人は、死んでいく兵のことさえも、露ほども気にすることはないのだろう。どこまでも心の冷たい人なのだと思わせるほどの意思の強さがあるのです。ところが長い歳月の後、そんな化粧が剝《は》がれ落ちることで現れたのは、「どこまでも深い悲しみをたたえた素顔」だったのです。

つまり、もともと阿修羅像は、大将軍としての威厳と冷酷さ、無慈悲さ、酷薄さと意思の強さを併せ持つ姿であったものが、その表面の装飾が剝がれてみると、深い慈愛にあふれた姿を見せるようになったのです。

これは「日本独自の思想」を反映した彫刻といえます。

- **表には強い姿を見せている。けれど内面には深い愛と悲しみを抱えている**
- **将軍は戦いに勝つだけでなく、その犠牲の重みを背負う**

この二重の意味が、奈良時代の阿修羅像には込められていたのです。

日本だけに残る「悲しみの阿修羅」

つまり、阿修羅像には、日本独自の人物観が反映されていたのです。

日露戦争で活躍した乃木希典《のぎまれすけ》大将もまた、戦いの指揮をとった名将でありながら、戦没者の魂を弔《とむら》うために私財を投じて、全国の神社に「忠魂碑」を寄進しました。また戦傷者のために義手を開発し、世界に類を見ないほどの機能を持つ義手を自費で提供するなど、戦いで生じた痛みを背負う姿勢を、生涯にわたって貫いた人物です。その乃木大将の晩年の写真もまた、阿修羅像と同じく、深い悲しみをたたえた表情をしています。

将は、悲しみを背負うものと先述しました。

けれど、同時に上に立つ者は、その悲しみをこらえて、何事もなかったかのような表情をたたえるものである、という思想が、なんと阿修羅像には施《ほどこ》されていたのです。

この変化には、日本独自の思想が隠されています。将軍は戦いの悲しみを背負うが、それを表に出してはならない。だからこそ、かつての阿修羅像には威厳ある表情が描かれていたのでしょう。しかし、その表面が剝がれたいま、戦いの裏にある苦悩と悲しみが浮かび上がってきたのです。

このように奥深い表現が、1300年前の奈良時代の芸術に込められていたことは、日本文化の奥深さを象徴するものといえるでしょう。

化粧を外せば、そこにある素顔は、まさに悲しみを背負った表情です。けれど化粧を施したお顔は、はっきりとした強い意思をたたえ、十二神将たちの猛将を従えた立派な貴族の表情なのです。

この奥深さ、この芸術性。

それがなんと、いまから1300年も昔の奈良時代の芸術なのです。

3　織田信長――歴史に学んだ「弾正」としての誇り

織田信長（1534～1582年）といえば、桶狭間の戦いのあと「天下布武《てんかふぶ》」を標榜《ひょうぼう》し、次々と近隣の大名を抑えて国内を統一し、長く続いた戦国時代を終わらせ、さらには比叡山攻めや本願寺との戦いを通して仏教界から武装勢力の排除を図って仏敵、あるいは「第六天魔王」などと呼ばれた人物として有名です。また豊臣秀吉が信長を怖ろしい武人として描いたことから、近年では強烈な個性を持った冷酷な武将として描かれることも多い。

しかし信長の足跡を見ると、実はある一つの理念に貫かれたものであったことがわかります。それは織田氏が「弾正忠《だんじょうちゅう》」の家柄であったことです。

律令体制の凄み

弾正《だんじょう》というのは、もともと8世紀の律令体制にあった天皇直下の機構です。

律令体制は、天皇直下に「太政官《だじょうかん》、神祇官《じんぎかん》、弾正台《だんじょうだい》」という3つの役所を設けており、このうち太政官は、政治上のさまざまな意思決定を行うところ、神祇官はその決定事項を全国の神社のネットワークを利用して全国に示達するところです。この示達機能がすごく、中央で決められた新たな政策などは、たとえば新元号の制定なども、おおむね3日で全国津々浦々に浸透したといわれています。

第1章で先述しましたが、全国の神社は、第10代・崇神《すうじん》天皇の時代に、天社《あまつやしろ》と呼ばれる後の官幣大社のような神社、その下に国単位に置かれた国社《くにつやしろ》、その下にいまでいう市町村ごとの神社である神地《かむどころ》、そして末端に、ご近所の氏神様である神戸《かむべ》と、4段階に系列化されていました。そしてこれを中央で管理掌握していたのが、神祇官であったのです。

面白いことにこのネットワークは、示達された結果について、民衆がどのようにこれを受け止めているか、また政策の実施状況がどうなっているのかなどについて、やはり神社のネットワークを通じて、今度は下から上に情報が伝達されていました。そして全国の民の声は、最終的に天皇直下の神祇伯を通じ、天皇に上奏される仕組みになっていたのです。

そしてこの下からの情報ルートは、神社とは別に太政官が全国に配置した国司《こくし》のルートからも上奏される仕組みになっていました。つまり、下から上への情報ルートが二重に確保されていたわけで、これによって民意が常に国家最高権威にまで伝えられる仕組みになっていたのです。

いまどきは、国民が、所得の半分以上を直接および間接税で取り上げられていながら、その不満の声がまったくお上に届いていないようです。そう考えると、意外と我が国の律令制度は現代より先進的なものであったのかもしれません。

けれど、どんなに素晴らしい制度であっても、内部が腐ってしまっていては、まったく意味を持ちません。そこで設置されていたのが弾正台です。

弾正台と弾正忠

弾正台は、天皇直下にあって、太政官や神祇官の高官で不忠を働く者、あるいは私腹を肥やして民生を省《かえり》みない者がいた場合、問答無用で斬捨御免《きりすてごめん》の権能を与えられていました。つまり弾正台は、政治家や行政機関だけを対象とした警察機構であったわけです（民間に関する警察機能は、別に太政官の中の刑部省《ぎょうぶしょう》に設けられました）。

面白いもので、我が国の歴史を通じて、この弾正台が不正を働いた官僚や政治家を一刀両断のもとに斬り倒したという事例はありません。だから「弾正台が形式的に置かれていたが、まったく機能しなかった」という識者もおいでになりますが、そうではなくて、弾正台という重石《おもし》があったからこそ、弾正台が刃《やいば》を振るうことがなかったのです。刃を振るうことより、振るわずに抑えるところに意味があるのです。それが我が国の歴史を通じての治世の考え方です。

弾正台の機構は、弾正尹《だんじょうのかみ》、弾正弼《だんじょうひつ》、弾正忠《だんじょうちゅう》、弾正疏《だんじょうそ》によって構成されていました。弾正尹は、弾正台の総責任者でご皇族一名が就任なさいました。弾正弼は、その副官で、不正に対する実行役が弾正忠、その下にあるお目付け役が弾正疏です。

つまり弾正忠こそが、我が国の中央高官の不正取締の直接機能であり、斬捨御免の実行役でもあったのです。

そして、そんな弾正忠が、我が国の歴史を通じて唯一機能した事例が、織田信長の桶狭《おけはざ》間《ま》の戦いです。

今川家の財政再建

信長のいる尾張国に攻め込もうとした今川義元の今川家は、赤穂《あこう》浪士で有名になった吉《き》良《ら》家《け》の分家です。

その吉良家は、もともと足利一族の分家です。

つまり今川氏は、足利家の分家の分家という位置関係にあります。その今川家に足利幕府が与えた知行地《ちぎょうち》が、駿河、遠江《とおとうみ》、三河の3カ国69万石です。けれど地図を見たらわかりますが、この3カ国の領地は、面積こそ広いものの、そのほとんどが山間部で、平地がほとんどありません。しかもその平地にある田んぼのほとんどは、古代から続くご皇室や中央貴族の直轄荘園となっていました。

武士というのは、もともと平安時代の新田の開墾《かいこん》農民たちのことですが、その意味で、今川家の所領のうち、およそ60万石は貴族の荘園であり、今川家自体の取り分は、新田から得られる約9万石分程度しかなかったのです。

にもかかわらず、いざ水害などの災害が起きれば、実質取り分が9万石しかない今川家が、守護職として、被災した60万石分の土地の人々の面倒を見なければならないのです。ですから今川家の財政は、常に赤字状態にありました。

これを抜本的に改善し、今川家の財政を大変豊かなものにしたのが、今川家第十一代当主の今川義元でした。義元は、部下に天才軍師の太原雪斎《たいげんせっさい》を雇い、雪斎は、今川家の財政再建のために、富士川の上流、安倍川の上流、大井川の上流で、金の鉱脈を見つけ、その黄金によって、今川家の財政を大転換します。これによって財政状況が好転した今川家では、義元が「都振り《みやこぶ》」と呼ばれる、まるで中央貴族のような生活を始めることができるようになったのです。

ところが、どれだけ贅沢な暮らしを実現しても、そもそも実質取り分9万石で、60万石の人々の面倒をみるというのは、大変な負担です。どうしても広大な農地が欲しい。

そんな折、濃尾平野はこの時代に木曽川や長良川などの三角州が広大に広がり、そこに広大な農地が開拓され、尾張だけで62万石の石高《こくだか》を得ていたのです。最終的にはその豊かな財政で、信長が天下を狙うことにもなるのです。

まだその信長も幼かった時代、信長の父の織田信秀は、たいへんな剛の者として知られていましたが、その息子の吉法師《きっぽうし》（後の信長）は、バカ息子として知られていました。つまり、父の織田信秀が没したとき、義元にとっては、豊穣《ほうじょう》な濃尾平野を我が物とする最大の好機が訪れたのです。

桶狭間の戦い

しかし、いくら戦国時代とはいえ、正統な守護大名が、まるで戦国大名さながらに他所《よそ》の国の領土を侵すことは許されることではありません。ということは、弾正の家柄を持つ織田家としては、これをみすみす見過ごすわけにいかない。
たとえ相手が強大な武力を持っていようと、これを打ち倒すのが弾正の名を受け継ぐ織田弾正家の使命であり、誇りです。そもそも弾正は、相手が強大であるとか、政治権力を持つとか、そういうこととは関係なしに正義を貫くものだからです。これが「誇り」というものです。そして、職業の誇りというものは、人に勇気と知恵を与えます。

主君である信長が、弾正としての職責を果たすとなれば、先祖代々織田家に仕えてきた家臣一同も奮《ふる》い立ちます。いまこそ織田弾正の家に生まれた先祖伝来の使命を果たすときなのです。だから信長は、いざ出陣という前に、謡曲の「敦盛《あつもり》」を舞ったのです。

「敦盛」は、源平合戦の折りの一ノ谷の戦いで、平清盛の甥の平敦盛が、退却に際して青葉の笛の「小竹」を持ち忘れたことに気付き、これを取りに戻ったところを源氏方の熊谷《くまがい》直実《なおざね》に呼び止められて、一騎打ちを挑《いど》まれたという事件を題材にした謡曲です。相手にしないで逃げようとする敦盛に、直実は「兵に命じて矢を放つ」と威迫《いはく》しました。多勢に無勢、雑兵《ぞうひょう》に矢を射られて死ぬくらいならと、一騎討ちに応じます。けれど、わずか16歳の敦盛に対し、相手は百戦錬磨の豪傑の直実です。

人間五十年　下天《げてん》のうちを比《くら》ぶれば
夢幻《ゆめまぼろし》の如《ごと》くなり
一度生《ひとたびしょう》を享《う》け
滅せぬもののあるべきか

この歌には、どうせ一度は死ぬ命、たとえ負けるとわかっていても、武士ならば堂々と戦おうという決意のメッセージが込められています。

戦いに応じたものの、敦盛は簡単に組み伏せられてしまう。直実が、頸《くび》をはねようと、敵の兜《かぶと》をグイと持ち上げると、相手はまだ年端も行かない紅顔の若武者です。

この事件の少し前、直実は同じ16歳の我が子の熊谷直家を討死させたばかりです。我が嫡男の面影《おもかげ》を重ね合わせ、また将来のある同じ歳の若者を討つのは、さすがに惜しまれる。ためらう直実に、同道の源氏諸将が訝《いぶか》しみ始めます。「次郎（直実）には二心があるのではないか。ならば次郎もろとも討ち取ろう！」との声が上がり始めました。

やむなく直実は、敦盛の頸を討ち果たします。これが謡曲「敦盛」の内容です。

「敗けるとわかっていても、戦うべきときは戦わねばならぬ」――「敦盛」を舞う信長の姿に、織田家の家臣たちも奮い立ちます。

こうして信長とともに討死の覚悟を決めた２０００の手勢は、桶狭間で今川義元の本陣を急襲し、見事、義元の頸《くび》をあげたのです。

弾正忠が世の不正を正した

織田弾正信長が、不条理を働こうとした今川義元を討ったというニュースは、瞬く間に全国に広がりました。世は戦国時代です。乱世に次ぐ乱世の中で、世の平和と平穏を求める気持ちは全国に満ちていました。こうして全国から信長のもとには、「弾正忠殿のもとで働こう！　世の平穏を取り戻そう！」という若者たちが集まります。

この時代、こうして人々が集まることは、歓迎すべきことという社会通念がありました。

けれど、やってくる若者たちは、武芸の心得があるとはいえ、当時の習慣に従って、米を3合持参するだけです。人一人の一日の米消費は2合半。つまり半合しか織田家の実入りはありません。しかも集った若者たちは、何日も何カ月も織田家のもとに逗留《とうりゅう》するのです。こうして集まった若者たちが2000、3000と増えてくると、さすがに織田家の米倉も空になります。これは困ったということで、信長が行った施策が「楽市楽座《らくいちらくざ》」です。

全国から集まる若者たちは、実家を出るときに、それなりの路銀やお米を持参してきています。街の人たちとともに、そうした若者たちが消費を行えば、多少なりとも市場は活性化する。大きなお金が動くのです。けれどそうした市には、やくざ者がはびこっていて、場所代やみかじめ料を集めていました。信長は国の持つ軍事力にものをいわせて、そうしたやくざ者たちを追い払い、定額の場所代を収めるだけで、人々が自由に商いができるようにしたのです。

当然、商人たちは儲かる。儲かるとわかれば、そこら中から商人たちが集まってくる。商店街が活性化すれば、お客様も増える、というわけで、楽市楽座は大当たりし、織田家の財政は、瞬く間に好転していきます。

こうして財政にゆとりを得た信長は、次に「天下布武」の朱印を開始します。「天下布武」というと、近年では、あたかも信長が軍事力にものをいわせて、日本統一を図ろうとした標語でもあるかのように思い違いをしている人が多いですが、実は、そうではありません。また、チャイナの史書にある「七徳の武」の引用だという人もいますが、まったく違います。

そもそも「武」の訓読みは「たける」で、これは、ゆがんだものを竹のように真っ直ぐにすることとです。つまり「天下布武」とは、「天《あめ》の下に『たける』を布《し》く」という意味で、現代風にいうなら、「天下の歪《ゆが》みをまっすぐに正して平和な世を取り戻す」という意味の言葉です。まさに織田弾正にふさわしい刻印だったのです。

仏教勢力との衝突

こうして信長は、中部から畿内に至る一帯を、完全に掌握していきます。けれどこの時代、武力に頼って横暴を行うのは、新興勢力である武士たちばかりではありません。人倫を説き民衆の救済をすべき仏教が、僧兵を雇い、武力にものをいわせて政治的圧力団体と化していました。仏教界から武装を取り除き、改めて仏教本来の民衆救済という本義に戻すためには、仏教勢力から武力を削《そ》がなければなりません。

そこで信長が行ったのが、比叡山の焼き討ちであり、本願寺攻めです。これらは、まさに「天下の歪《ゆが》みをまっすぐに正す」ためのものであったのです。その証拠に信長は、比叡山も本願寺も仏教の本義を説く高僧たちを大切に保護しています。

信長の逸話を集めた『信長公記《しんちょうこうき》』に面白い話があります。天正8年(1580)のこと、無辺《むへん》という僧侶が石馬寺《いしばじ》(滋賀県)に住み着いて、不思議な力を持つと人々の間で評判となったのだそうです。信長は、無辺を引見して出身地などいくつかの質問をしました。すると無辺は、わざと不思議な答えをする。そこで信長は、

「どこの生まれでもないということは、妖怪かもしれぬから、火であぶってみよう」

と、火の用意をさせます。すると無辺が、今度は事実を正直に答えたという。しかも無辺は信長の前で、不思議な霊験《れいけん》を示すことができなかったために、信長は、無辺の髪の毛をまばらにそぎ落とし、裸にして縄で縛って町に放り出して追放しました。

ところがこの無辺、追放後も迷信を利用して女性に淫《みだ》らな行いを繰り返していたことが判明し、ついに信長は無辺を逮捕し処刑しています。信仰の名のもとに人を騙《だま》し、あるいは女淫にまみれるなど、もってのほか、だからです。ここでも弾正信長の本領がいかんなく発揮されています。

要するに信長は、我が国の歴史と文化を古典から学び、そこから我が国の国民精神を得るとともに、みずからが弾正の家系であるという誇りを大切に、生涯を貫いているのです。古典から歴史伝統文化を学ぶことは、誇りを育《はぐく》むということです。そして誇りを育むということは、「国民精神」を身にまとうということです。これを英語でかっこよく言うと「アイデンティティ」を得るということです。

いま日本人に不足していること、それは「国民精神」です。その国民精神の復活には、現状の時事問題に右往左往するのではなく、我々自身が古典を学び、古典に書かれた歴史伝統文化の精神の再確認が必要であると思います。

4 徳川家康——「筋を通す」生き方が江戸幕府260年の支えに

「筋を通す」という言葉は、単に道理を守るという意味にとどまりません。それは、約束や義理を貫《つらぬ》き、正しい手続きを踏み、誰もが納得できる形で物事を進めることを指します。

物語においては、起承転結が明確で一貫性のあるストーリーが「筋の通った話」とされ、歴史的な事件や政策においては、事実に基づき、背景や目的、結果に一貫した道理があることが「筋の通った歴史」と言えるでしょう。

歴史を振り返ると、「筋を通す」ことを重視した人物は多くいますが、その中でも徳川家康ほど、この考えを徹底し、国家の礎《いしずえ》として確立した人物はいません。家康は若い頃から「筋を通す」ことの重要性を学び、それを自身の生き方として貫きました。

そして、この思想が江戸幕府を支え、日本社会の根幹となる秩序の形成へとつながったのです。

家康が雪斎から学んだ「筋を通す」重要性

家康が「筋を通す」ことの重要性を学んだのは、幼少期に人質として過ごした今川家での経験が大きく影響しています。

当時、家康（竹千代）は今川義元のもとに人質として預けられ、今川家の家臣であり優れた軍師でもあった太原雪斎《たいげんせっさい》から学問や政道を学びました。特に雪斎は、財政や政治において「筋を明確にすること」の重要性を家康に教えました。

例えば、今川家の財政は一見すると潤沢《じゅんたく》に見えましたが、実際には厳しい状況にありました。今川家が支配する駿遠三国（駿河・遠江・三河）は山岳地帯が多く、平地は限られていました。さらに、古くからの中央貴族の荘園が広がっており、武士が直接支配する新田の面積はごくわずかでした。そのうえ、荘園が災害などの被害を受けると、その復興支援は領主である今川家の責任とされ、多大な財政負担が生じていたのです。

先述したように、雪斎はこの状況を打破するため、安倍川の上流にある梅ヶ島《うめがしま》金山、富士川の上流にある富士金山、大井川の上流の井川湖《いかわこ》付近にある井川金山を発見し、そこから採掘される黄金で今川家の財政を潤《うるお》しました。

これは、財政基盤を強化するための明確な「筋道」を示した政策の一例です。農業だけでは維持できない財政を、鉱山開発によって補うという合理的な判断でした。このように、「誰にでも理解できる筋道」を実行することで、安定した財政基盤を築くことができるということを、雪斎は家康に徹底して教え込んだのです。

家康はこの経験を通じて、「筋を通す」ことが単に正義や義理を守るだけでなく、現実的な問題解決にもつながることを学びました。この考え方は、後に家康が戦国の世を生き抜き、江戸幕府を開くうえでの指針となっていきます。

三河武士と伊勢神宮への崇敬

家康の祖先である松平氏は、もともと三河の小豪族でした。転機が訪れたのは、3代目の松平信光《のぶみつ》の時代です。信光は、室町幕府の政所執事であった伊勢氏に被官（家臣化）することで、中央との強いつながりを得ました。

伊勢氏は、伊勢神宮を外護（守護）しながら、幕府の中枢に関与する一族です。松平氏が伊勢氏と結ぶことは、三河における影響力を拡大し、政治的な安定を得るうえで重要な戦略でした。この関係を活かしながら、松平氏は周辺の豪族たちと血縁を結び、勢力を拡大していきます。そのため、三河武士にとって伊勢神宮への崇敬《すうけい》は非常に強いものがありました。

ちなみに、岡崎から伊勢神宮へは陸路では遠い距離にあります。しかし、当時は陸路よりも海路が交通の主流であり、船を利用すれば岡崎から伊勢はすぐ近くの距離にありました。これが、松平氏と伊勢氏が密接な関係を築いた理由の一つです。

伊勢神宮では、20年ごとに式年遷宮《しきねんせんぐう》（神殿の建て替え）が行われることが慣例となっています。そして、式年遷宮の費用は本来、国家が負担するものでした。奈良・平安時代には朝廷が、鎌倉時代には鎌倉幕府が、そして室町時代には足利幕府がその費用を負担していました。しかし戦国時代に入ると足利幕府は衰退し、将軍自身が流浪《るろう》するほど混乱を極めていました。当然ながら、幕府には式年遷宮の資金を負担する余裕がなくなり、この結果、4期（80年間）にわたって式年遷宮は中断されてしまいます。

そんな状況の中で、「では、私が全額負担しよう！」と名乗りを上げたのが、織田信長の父・織田信秀でした。これにより、伊勢神宮は100年ぶりに式年遷宮を再開することができたのです。

この事実は、三河武士にとって非常に重要な意味を持ちました。彼らは伊勢神宮を篤《あつ》く崇敬しており、式年遷宮を再開させた織田家に対して大きな恩義を感じていたのです。こうした背景もあり、家康が今川家から独立し、織田家と同盟を結ぶ際には、三河武士たちの強い支持を受けることができました。

家康の決断と織田との同盟

時代が下り、松平氏の当主となった家康（当時は松平元康）は、駿河の戦国大名・今川義元に従属していました。義元は尾張を軍事制圧し、広大な新田を手に入れようとしましたが、1560年の桶狭間の戦いで討死します。

家督を継いだ今川氏真《うじざね》は統治力に乏《とぼ》しく、今川家の支配力は急速に衰退しました。家康はこの機を逃さず、松平の本拠地である三河・岡崎城へと帰還します。岡崎城に集まった三河武士たちにとって、それは人質として駿河にいた主君が、ついに城へ戻ってきたことを意味しました。

三河武士たちはもともと、新田開発に従事する農民でもありました。彼らにとって、今川家の支配下での生活は厳しいものでした。今川家は、少ない石高《こくだか》の中から貴族の荘園の災害時の負担も担《にな》わなければならず、その状況は三河においても同様でした。災害が起きれば、自分たちの生活すらままならない中、広大な農地を持つ貴族の荘園を助けなければならなかったのです。

一方、駿河の今川本家は黄金経済で潤っていたかもしれませんが、三河武士たちにとっては関係のない話でした。彼らは、災害時に自らの米を削って貴族の荘園を支えるという厳しい生活を強いられていました。そんな中で、成人した家康が岡崎城に帰還したことは、今川家の支配から脱する絶好の機会に思えたのです。

しかも、今川義元を討った織田家は、伊勢神宮の式年遷宮を再開させた家柄でもあり、伊勢氏に仕える三河武士たちにとっては大恩ある家でした。さらに、織田家は「この世の不条理を正す最後の砦《とりで》」ともいえる弾正忠《だんじょうちゅう》の家柄でもあります。三河武士たちは、岡崎城に戻った家康にこう進言しました。

「殿、いまこそ今川家から独立し、織田家と同盟を結ぶべきです」

しかし、家康には大きな問題がありました。彼の愛する妻・瀬名姫《せなひめ》と子供たちが、駿河の今川家で人質となっていたのです。もし今川家を裏切れば、彼の家族は氏真によって確実に処刑される運命にありました。

家康の領地は三河にあり、三河武士たちの願いは今川家からの独立と伊勢神宮の尊崇《そんすう》でした。家康個人としては、妻子を最優先に守りたい。しかし、領主としては領民の願いを叶《かな》えなければならない。その狭間《はざま》で悩んだ末、家康は決断を下します。

彼はまず、岡崎城に駐在していた今川の城代家老を捕らえ、自ら岡崎城城主に復帰。さらに、織田信長のもとへ向かい、同盟関係の樹立を提案しました。そして、永禄5年（1562）、正式に「織田・徳川同盟」が成立します。この同盟には、双方にとって大きな利点がありました。

(1) 三河武士たちにとって

広大な農地を持つ織田家と手を結ぶことで、これまでの貧困から解放される。

(2) 信長にとって

家康と同盟を結ぶことで、尾張の東の安全を確保できる。

しかし、その代償は大きなものでした。家康は、愛する妻と子の命を犠牲にしなければならなかったのです。

同盟締結にあたり、家康の家臣・石川数正《いしかわかずまさ》は、自らの命に代えても瀬名姫母子を奪還することを家康に約束しました。彼の策は、岡崎城の今川城代と瀬名姫母子を交換するというものでした。

一方、駿府では瀬名姫とその子供たちが絶体絶命の状況にありました。瀬名姫の父は今川家の有力家臣、母は今川義元の姪（諸説あり）。夫が今川家を裏切った以上、戦国の習わしとして母子は死罪となるのが当然でした。

しかし、瀬名姫の両親にとって、娘と孫は何よりも大切な存在でした。そこで、彼らは瀬名姫母子の身代わりとなり、自害して果てます。両親の死は瀬名姫にとって耐えがたいものでしたが、彼女はおそらく親の遺言により、生きることを決意したのでしょう。

やがて、石川数正の交渉により瀬名姫母子は岡崎に行くことになります。しかし、瀬名姫にはどうしてもできないことがありました。それは、両親を死なせた夫とともに岡崎城で暮らすことです。

瀬名姫は岡崎城近くの西岸寺《さいがんじ》に入り、尼になることを考えました。しかし、幼い子供たちを育てるため、尼にはならず、岡崎天満宮近くの築山《つきやま》に住むことを決意します。そこで彼女は、自らの名を「築山」と改め、後に「築山御前」と呼ばれるようになりました。

家康もまた、瀬名姫を愛していました。しかし、戦乱の世を終わらせるためには、信長とともに天下統一を目指さなければなりませんでした。その決意は、妻を深い苦しみに陥《おとしい》れることにもなったのです。

岡崎城にいれば、瀬名姫の苦しみは続きます。そこで家康は、遠江の曳馬《ひくま》（後の浜松）に新たな城を築き、そこへ移ることを決意しました。曳馬は天領（皇室や貴族の荘園）が多く残る地域であり、その地を統治するには、家康自身が直接赴く必要があったのです。

家康は曳馬の高台に城を築き、「浜松城」と命名しました。この「浜松」という名は、7世紀の有間皇子《ありまのみこ》の歌に由来しています（『万葉集』所収）。

磐代《いはしろ》の　浜松が枝《え》を　引き結び　ま幸《さき》くあらば　また還《かえ》り見む

この歌は、「願いが叶ったら、また帰ってきてこの松を見よう」という意味を持ちます。

家康は、いつか瀬名姫との縁を再び結ぶことを願っていたのかもしれません。

　このように、家康の決断は、個人的な愛と領主としての責務の狭間での苦渋の選択でした。そして、それは三河武士たちの生活を大きく変え、日本の歴史を動かす重要な転換点となったのです。そしてこの一連の動きの中に、家康が苦しみながらも「筋を通し、筋を曲げずに」生き抜いた歴史があります。

家康にとっての宝とは何か？

　家康は、「筋を通す」ことが人と人との信頼を生むことを深く理解していました。そのため、戦国武将としては珍しく、過剰な権威や贅沢を好みませんでした。

　豊富秀吉が自慢の茶室に家康を招き、「家康殿はどのような茶器をお持ちか？」と尋ねた際、家康は次のように答えています。

「あいにく当家には自慢できるような茶器はありませぬ。ですが、私のためならいつでも命を捨てる覚悟の武士が最低でも５００人はおります」

この言葉からもわかるように、家康にとっての「宝」とは、財産や権力ではなく、筋を通して築いた信頼の上に成り立つ忠臣たちでした。家康は、自らが常に道理を守り、信頼に足る主君であることを示すことで、家臣たちの忠誠を得ました。そして、こうした信頼関係こそが、戦乱の世を終わらせ、260年続く江戸時代を築く原動力となったのです。

このように、家康の生き方には常に「筋を通す」という信念がありました。それは単なる道義や忠義にとどまらず、現実的な問題を解決するための手段でもあったのです。

幼少期に学んだ「筋を通す」考え方は、後に家康が戦国乱世を生き抜き、江戸幕府という盤石な体制を築くうえでの大きな指針となりました。家康の政治や戦略には、常に「道理に適《かな》った判断」があり、それこそが彼が長期政権を築くことができた最大の要因だったと言えるでしょう。江戸時代260年の平和と安定もまた、家康が生涯をかけて築いた「筋を通す」精神によって支えられたものだったのです。それは庶民の暮らしにおいても、約束を守る、道理を尊重する、義理を果たすといった価値観が定着し、日本社会の秩序を形づくりました。

現代ではどうでしょうか。政治は利害関係の調整ばかりが優先され、本来守るべき筋や道理が軽視される場面も少なくありません。経済においても、短期的な利益を追求するあまり、長期的な信頼や誠実な「筋を通す経営」が損《そこ》なわれることが問題視されています。

日本は、かつて家康が築いたような「筋を通す」社会を取り戻すべき時に来ているのではないでしょうか。それは、単に伝統を重んじるということではなく、人々の信頼関係を再構築し、社会全体を健全な方向へ導くために必要なことではないでしょうか。

徳川家康の生き方を通じて、私たちは「筋を通す」ことの重要性を今一度学ぶべきです。

第3章 明治

「日本人」は命懸けで〝近代国家〟をつくった

第3章では、明治時代に日本がどのように近代国家へと成長していったか、その精神を象徴するエピソードが描かれています。緒明菊三郎《おあけきくさぶろう》は、ディアナ号事件を契機に造船技術を発展させ、日本の近代化に貢献しました。また、白たすき隊が命を懸けて要塞を攻略した背景には、日本の独立を守るための精神があります。さらに、山本条太郎が大豆栽培に注力し、満洲経済を飛躍的に成長させ、明治天皇は教育勅語を下賜《かし》されました。本章は、日本が近代国家へと進化した心意気と、その礎《いしずえ》を築いた人々の功績を描いています。

1　緒明菊三郎——技術革新で日本産業の礎を築く

首都高速を横浜方面から1号羽田線で東京方面に向かって走ると、やがて東京モノレールと並走する区間が現れます。レインボーブリッジの少し手前、薄茶色の建物が目に入る場所、そこが現在の「第四台場跡」です。かつてここには造船所がありました。この造船所を所有していたのが、緒明菊三郎《おあけきくさぶろう》です。彼は日本の近代造船業の発展に尽力し、また、現在の水上バスの元祖ともいえる「一銭蒸気」を考案した人物でもあります。

そんな緒明菊三郎の生家は、伊豆の戸田にある船大工の家でした。彼がどのようにして近代造船業の礎《いしずえ》を築くまでに至ったのか、その背景には「ディアナ号」事件が大きくかかわっていました。

菊三郎の生家は、船大工とはいえ、大変貧しい家庭でした。家計を支えるため、彼の母は毎夜、下駄の鼻緒《はなお》をつくる内職をしていました。当時の日本では、和服の着物は糸をほどけば反物《たんもの》に戻るため、何世代にもわたって着続けられるものでした。しかし、最後にはボロボロになってしまいます。そこで、その古布を利用して鼻緒をつくることが一般的でした。菊三郎の母もまた、こうして家計を支えていたのです。

明治時代に入り、戸籍登録の際に庶民も名字を名乗ることになったとき、菊三郎は迷わず「緒明」を選びました。「母が夜明けまで鼻緒を編んでいた」という母の苦労を、生涯忘れないためでした。

のちに菊三郎は、榎本武揚《えのもとたけあき》の支援を受け、隅田川で一銭蒸気の運航を開始し、大成功を収めます。貧しかった少年時代を忘れず、母の恩を心に刻むために名乗った「緒明」という名字は、やがて造船業の発展とともに名を馳《は》せることとなりました。

ディアナ号、日本に漂着

そんな菊三郎が蒸気船事業を始めるきっかけとなった出来事が、「ディアナ号事件」です。

嘉永6年（1853）、ペリーの黒船が来航した1カ月半後、ロシアの提督プチャーチンが4隻の艦隊を率いて長崎に来航しました。彼の目的は、日本との国交交渉です。しかし、幕府の返答がなかなか得られないうちに、クリミア戦争の影響で、英国艦隊がプチャーチンを攻撃するという情報が入ります。プチャーチンは急遽上海へ向かいました。

その後、戦況を確認し、再び日本に戻ったプチャーチンは、幕府全権と交渉を進めます。しかし、この交渉中に安政の東海大地震（マグニチュード8・4、震度7）が発生しました。巨大津波が下田を襲い、プチャーチンの旗艦「ディアナ号」も被害を受け、大破してしまいます。

ディアナ号の修理が必要となり、幕府は伊豆の戸田村《へだ》を修理地に指定しました。しかし、曳航《えいこう》途中でディアナ号は高波に襲われ、ついに沈没してしまいます。

この状況を受け、幕府は戸田の船大工たちに新たな船の建造を命じました。こうして、日本で初めての西洋式の木造大型軍用帆船が建造されることとなります。

全長24・6メートル、排水量88トンのこの艦を、戸田の船大工たちはわずか3カ月で建造しました。その技術力の高さに感動したプチャーチンは、新造艦を「HEDA（戸田）号」

と命名しています。
この建造によって、日本の船大工たちは、西洋式の船舶建造技術を習得しました。特に中心人物となった上田寅吉（後の横須賀造船所初代工長）は、のちにオランダへ留学し、維新後初の国産軍艦「清輝《せいき》」の建造を指揮します。

この戸田号建造にかかわった縁で、菊三郎の父嘉吉もまた西洋式の船舶技術に触れました。そして、菊三郎も榎本や上田の支援を受けて隅田川に蒸気船を浮かべ、「一銭蒸気」という事業を開始しました。まだ黒船が来てから何年も経っていない頃のことです。隅田川に浮かぶ船は、みんな昔ながらの和舟です。そんな時代に、「蒸気船」が隅田川に浮かんだわけです。しかも一般人がそれに乗れるというのです。これには当時の江戸っ子たちが大喜びしました。おかげで、一銭蒸気は、連日行列ができるほどの大繁盛となります。そして菊三郎は、大変なオカネモチになったと、こういうわけです。

そんな折りに、第四台場が何も使われていないので、明治政府がこれを貸し出そうということになりました。

創業したての明治政府は、実は、当初は大変な金欠政府でもあったのです。

そこで、榎本から相談を受けた上田が、それなら一銭蒸気で大儲けしている菊三郎に、ここを買わせて、そこで我が国初の「西洋式本格造船所」をつくったらどうだろうかと提案しました。こうしてできたのが、第四台場の「緒明造船所」だったわけです。

ちなみに、いま、国の重要文化財に指定されている3本マストの帆船「明治丸」は、明治政府が英国から買った船ですが、購入当時のマストは2本でした。これを3本に改造した場所が石川島で、そのときの改造の責任者が菊三郎だったのです。

母の恩を忘れず、日本の未来を築く

菊三郎の生涯は、まさに「母の恩を忘れず、技術革新によって日本の未来を築く」という精神に貫かれていました。彼の成功は、単なる個人の成り上がりではなく、貧しい生い立ちを支えた母の苦労を心に刻《きざ》み、それを糧《かて》に努力を重ねた結果として成し遂《と》げられたものでした。

彼は、幼少期に目《ま》の当たりにした母の姿から、「努力を惜しまず、自らの手で未来を切り拓《ひら》くことの大切さ」を学びました。そして、単に自身が成功するだけでなく、学んだ技術を活かし、社会の発展にも貢献したのです。蒸気船の導入による物流の効率化、造船業の発展、さらには明治政府の近代化政策を支えたことは、その象徴といえます。

こうした姿勢は、現代の日本のものづくりに通じる精神でもあります。例えば、日本の製造業や技術者たちは、「誠実に努力し、細部にこだわり、高い品質を追求する姿勢」を持ち続けています。世界的に評価される日本の精密機械や自動車産業の礎《いしずえ》には、まさにこの「ものづくりへの誇り」と「努力を積み重ねる精神」が受け継がれています。

また、菊三郎が持っていた「社会に貢献する」という意識も、現代に通じる重要な価値観です。彼は、単に利益を追求するのではなく、新しい技術を導入し、社会の利便性を向上させることを目的としました。これは、今日の日本企業が持つ「技術革新を通じて世界に貢献する姿勢」と共通するものがあります。

緒明菊三郎の人生は、技術を磨きながら社会に貢献し、その成果を後世に残していくという、日本のものづくりの精神そのものです。

菊三郎が築いた基盤は、今日《こんにち》の日本の産業発展にもつながる礎となっており、その気骨ある生き方は、いまを生きる私たちにも多くの示唆《しさ》を与えてくれるのではないでしょうか。

2　白たすき隊（203高地）――日露戦争で日本が勝つための15秒！

白たすき隊の偉業、その勇気、そしてそのやさしさを、語り継がなければならないのは誰なのでしょうか。もし日本人が語り継がなければ、いったいどこの国の人が、彼らの存在を伝えてくれるのでしょうか。

過酷な旅順要塞戦と白たすき隊の登場

明治37年（1904）8月1日、日露戦争における旅順《りょじゅん》要塞戦が始まりました。この戦いは4カ月半に及び、日本陸軍1万5400名、ロシア陸軍1万6000名の尊い命が犠牲となりました。

旅順戦における戦死者の多さから、「無謀な戦いだった」「乃《の》木《ぎ》希典《まれすけ》大将は無能だった」といった評価がなされることがあります。しかし、歴史は、評価することが重要なのではなく、そこから何を学ぶのか、何を私たちの生命に刻むのかが大切ではないでしょうか。彼らが戦ってくれたからこそ、日本は独立を守り、アジアの国々が植民地支配から脱却する先駆けとなったのです。その偉業に、まず感謝の心を持つことが必要です。

要塞戦は極めて過酷な戦いです。たとえば、クリミア戦争におけるセヴァストポリ要塞戦では、陥落までの1年間に攻撃側が12万8000人の死者を出しました。第2次セヴァストポリ要塞戦でも、ドイツ軍が10万人、ロシア軍もまた10万人の命を失っています。要塞戦とは、それほどの犠牲を伴う困難な戦いなのです。

そのセヴァストポリ要塞の6倍もの防御力を持ち、ロシアが「絶対に落ちることがない」と豪語していたのが旅順要塞です。日本陸軍はこの難攻不落の要塞を、わずか4カ月半で、しかも10分の1の兵力損耗《そんもう》で陥落させています。この偉業は、世界の陸戦史において特筆され、乃木大将の指揮もまた、歴史に残る名指揮として世界中で高く評価されています。

それにもかかわらず、日本国内では、この戦いを過小評価し、時には蔑《さげす》むような見方さえ存在します。それは歴史を知らない人間の無知であり、決して許されることではありません。

白たすき隊の真の意味とは

特に誤解されているのが、「白たすき隊」の存在です。

「目立つ白い襷《たすき》をつけることは無謀であり、当時の指揮官たちは兵士の命を軽視していた証拠だ」などと語られることがあります。しかし、これは根本的に誤解しています。

白たすき隊は、命がけの戦術部隊でした。

どういうことかというと、人間の身体というのは、たとえ心臓を撃ち抜かれても、脳が生きている限り、15秒は活動が可能なのです。そして、15秒あれば、足の速い者なら100メートルほど前進することができます。

旅順要塞を攻略するためには、まず周囲に張り巡らされたトーチカ（機関銃陣地）を潰さなければなりません。しかし、トーチカに近づく兵士は、容赦なく機関銃で撃たれます。

そのままでは進撃できず、砲撃も届かない。そこで白たすき隊は、意図的に胸を狙わせることで、戦線を前進させる役割を担ったのです。

「俺の胸を狙え」とばかりに、大きな白い×印の「たすき」を胸につけることで、敵狙撃兵の視線を胸に集中させせます。もし頭を狙われれば即死ですが、胸を撃たれても15秒は前進できる。こうして、撃たれた者が100メートル進めば、次の兵士は110メートル、さらに120メートルと、前線を前に進めることができるのです。

この決死の戦術を担うために、3113名の白たすき隊員が自ら志願しました。彼らは、確実な死を覚悟しながら、仲間のため、そして祖国のために前進し続けたのです。

一部の歴史家は、白たすきが「夜間の敵味方の識別を目的とした」と記録に残っていることを根拠に、その本質を軽視しています。しかし、当時の武士道を学ぶ者なら、「15秒の生存時間」がいかに重要かを理解していたはずです。

歴史を知るとは、単に記録の言葉を表面的に読むことではありません。

白たすき隊の勇気と覚悟は、敵であったロシア軍をも震《ふる》え上がらせました。岡田幹彦著『乃木希典』（展転社）には、ロシア側の記録として次のような証言が残されています。

「この日の戦闘の猛烈惨絶なりしことは、もはや従来の露西亜《ろしあ》文学には適当なる修飾語を発見するを得ず」

「数千の白たすき隊は潮の如く驀進《ばくしん》して要塞内に侵入せり」

「白たすきを血染めにして抜刀の姿、余らは顔色を変えざるをえざるなりき」

「余らはこの瞬間、一種言うべからざる感にうたれぬ。曰く、屈服」

ロシア軍は、戦場での白たすき隊の突撃を目の当たりにし、その圧倒的な士気と勇敢さの前に「精神的に屈服した」と記録しているのです。

白たすき隊の犠牲によって守られた日本の独立

もし、日本が日露戦争で旅順要塞を落とせなかったら、ロシアの旅順艦隊は無傷で温存され、バルチック艦隊と合流していました。その結果、日本海軍は壊滅し、大陸の日本陸軍も補給を絶たれ、全滅していたでしょう。
日本が敗北すれば、ロシアの植民地となり、さらに後のソ連に組み込まれ、日本は共産主義国となっていた可能性すらあります。

当時の日本の人口は約4000万人。植民地化された国では、生存率は良くて1割程度です。つまり、日本人の9割、3600万人の命が失われ、いまを生きる私たちの命も、確実に「なかった」といえます。

白たすき隊の3113名は、祖国の未来を背負い、確実な死を覚悟して戦いました。彼らの犠牲によって、日本は独立を守り、さらに世界の植民地支配に終止符を打つ先駆けとなったのです。

その偉業を、その勇気を、そして、そのやさしさを、語り継がなければならないのは誰でしょうか。

もし日本人が語り継がなければ、いったいどこの国の人が、彼らの存在を伝えてくれるのでしょうか。

私たちが受け継いだ命と平和は、彼らの尊い犠牲の上に成り立っています。だからこそ、私たちは、この歴史を正しく理解し、後世に伝えていかなければならないのです。

3　山本条太郎——大豆で荒涼の大地満洲を変えた男

満洲はもともと何もない荒れ果てた荒野でした。ところが、日本が関与した時代から急激に発展しました。その理由は一体何だったのでしょうか。

満洲について政治、軍事から語る人が多いですが、経済の面から分析した方は少ないようです。その答えが大豆《だいず》にあります。

きっかけは明治の中頃、商社マンとして満洲に一番乗りした山本条太郎《やまもとじょうたろう》です。後に満鉄総裁になった男です。

彼は慶應3年（1867）生まれ、福井県旧御駕町《おかごまち》出の元福井藩士の子です。明治13年（1880）、12歳で神田淡路町《あわじちょう》の共立学校（現・開成高校）に入学したのですが、病弱なため2年で中退しました。そして学問をあきらめ、三井洋行（現・三井物産）横浜支店に丁稚奉《でっちぼう》公《こう》に出ました。働き者で主人の覚《おぼ》えもめでたく、21歳のとき、選ばれて上海支店に転勤しました。ここでも彼は抜群の商才を買われています。

明治23年（1890）、彼が23歳のとき、上海フランス租界《そかい》の近くの交差点口に、三井支店長の社宅が建設されました。この建物は1万坪の土地に、3階建ての本館と別館、さらに付属の建造物があり、広大な庭には池、温室、芝生の野球場と5面のテニスコートがつくられ、正門から本館の玄関までには実に100メートルの小道があり、樹齢30年以上の桜が280本も植えられていたそうです。

満洲大豆を流行らせた山本条太郎

そして、ここで毎年3月に園遊会が開かれ、国内外の2000人の官民人が招待されました。

当時この園遊会に招待されなかった者は「社会的に紳士として認められていない」とまでいわれたそうです。

それだけに招待客の選出には細心の配慮と苦心が重ねられたのですが、これを完全に取り仕切っていたのが条太郎でした。とにかく頭が切れ、礼儀正しく、よく働く男だったのです。そういう人物だからこそ招待客の接待役を仰《おお》せつかったのでしょう。

34歳の若さで上海支店長、そして満洲へ

明治34年（1901）、条太郎は34歳の若さで3代目上海支店長に就任しました。

当時の上海支店長の社宅ですが、車庫には防弾処理を施《ほどこ》された8人乗りのキャディラックが1台、8人乗りビュイック1台、中型車が2台、支店長専用車として停《と》まっていました。車そのものが大金持ちか大臣でもなければ乗れなかった時代です。これだけの車を備えることができたのは、それだけ三井物産上海支店に実力があったということです。

車のウインドウガラスはどれも3センチ以上の厚さがあり、ドアも不注意に開けて人にぶつかると、人が吹っ飛んでしまうほど重量のあるものであったそうです。もっともそれだけに車が重く、リッター1キロも走らないから、条太郎はもっぱら営業マンの乗る普通車ばかり使っていたそうです。

営業マン用の車は、防弾処理などされていないから危険な車ですが、軽くてよく走る。このあたり身の安全より行動を優先した条太郎らしさがあらわれていて面白いと思います。

上海支店長に就任した条太郎は、日本の商社マンとして、はじめて満洲に乗り込んでいます。当時の満洲は、広大な荒れ地が広がるだけの緑のない半《なか》ば砂漠地帯でした。当然、作物などつくれません。けれど条太郎は、この荒れ地で、細々ながら大豆が栽培されていることに目をつけました。

大豆は温帯、亜熱帯産の植物です。満洲は亜寒帯です。本来、気象条件が合わないのです。ただ大豆を筆頭に、いわゆるマメ科の植物は、根に「根粒菌《こんりゅうきん》」が繁殖《はんしょく》します。根粒菌が繁殖するから、根の又《また》のところにコブのようなものができます。コブの中で繁殖した根粒菌は、大豆が空気中から吸った窒素《ちっそ》や地中から吸い上げた水からアンモニアなどの有機物を排泄《はいせつ》します。この有機物を栄養源にするから、大豆は痩《や》せた土地でも育つのです。

山本条太郎は、これに目を付けました。気候を調べたり、品種改良の可能性を検討し、徹底して満洲での大豆の栽培の可能性を探りました。

条太郎が面白いのは、満洲での大豆の生育を研究している最中、つまり、まだ満洲で大豆が生産段階に入っていないときに、早々と販路の開拓に手をつけている点です。

彼は大正9年（1920）には、英国に赴《おもむ》き、ヨーロッパでの満洲大豆の独占販売権を得てしまっています。当時のヨーロッパには、大豆を食べるという習慣がなく、大豆はもっぱら油をとって燃料にするためにのみ栽培されていました。

これを食べさせる。条太郎は大豆の加工の仕方や料理の指導まで行い、ヨーロッパ全土に大豆の売り込みをかけています。

こうして、ほんの数トンあるかないかだった満洲の大豆は、条太郎が名付けた「満洲大豆」の商品名とともに広く栽培されるようになり、条太郎が満鉄総裁に就任した昭和2年（1927）には、満洲の大豆生産高は、じつに年間500万トンに達するものとなりました。このうち400万トンが輸出用で、欧米向けが200万トン、日本向けが200万トンでした。

なんと満洲は、世界最大の大豆生産国になったのです。

軍事用の満鉄を民生用として活かす

満洲において日本は、明治38年（1905）の日露戦争の勝利で、長春から旅順口までの満洲鉄道全ての権利を手に入れました。翌明治39年（1906）には「南満洲鉄道株式会社」（満鉄）を設立しています。

少し考えればわかることですが、鉄道があっても、ただやみくもに大地が広がっているところに列車が走るだけでは、なんの収益も産《う》みません。

日露戦争以前にロシアが、そんな、なんの収益のあてもない満鉄をつくったのは、あくまでチャイナや朝鮮、日本への軍事侵攻、南下政策のためです。ところがその満鉄を、日本は民生用、つまり満洲の産業育成のために用いたのです。

とにかく大豆はヨーロッパに無限ともいえる市場が開けたのです。大豆はつくればつくるだけ売れました。収穫量の8割以上が商品として輸出されたのです。
売れるからつくる。
つくるから売れる。
そのために荒れ地を開拓する。
開拓するから農地が広がる。
農地が広がれば、生産された大豆を運ぶために鉄道が必要になる。
そこで満鉄が満洲全土にアメーバのように伸びました。

路線が交差するターミナル駅には、多くの物資や人が集まりました。こうして、わずか20年前には荒涼とした漠土《ばくど》にすぎなかった満洲は、短期間に緑豊かな一大農園地帯に変貌《へんぼう》したのです。

満洲に住む農民は大豆と小麦を売り、自分たちはトウモロコシやアワを食べたといいます。それほどまでに売れたのです。大豆は満洲の住民にとって、まさに黄金となったのです。当時の記録によれば、満洲の対外貿易の50％以上が大豆です。

日本が経営した満鉄は、ただ大豆栽培を奨励しただけではありません。

大連《だいれん》には「農事試験場」と「中央試験所」が建設されましたが、「農事試験場」は大豆の品種改良や栽培試験、「中央試験所」は大豆の利用研究を進めています。ここで研究開発されたのが、大豆油（サラダ油）の近代的製造法です。おかげで、いまや世界中の食卓をサラダ油が潤《うるお》しています。


中央試験所には、当時総勢１０００名を超える人員がいたといいます。

さらに満鉄中央試験所では、大豆蛋白質《たんぱくしつ》による人造繊維、水性塗料、速醸醤油製造法の技術展開、大豆硬化油、脂肪酸《しぼうさん》とグリセリン製造法、レシチンの製造法、ビタミンＢ抽出、スタキオース（オリゴ糖）の製造法の確立などを行っています。

現在世界が大騒ぎしている大豆油を原料とするバイオ燃料の研究においても、世界の先鞭《せんべん》をきって開発研究に取り組んだのは、満鉄中央試験場です。

それだけではなく、満鉄が設置した農事試験所関係施設はなんと満洲全土で90カ所に及んでいます。発表された研究報告は約１０００件、特許が３４９件、実用新案47件です。

試験所の様子については、夏目漱石も視察した模様を随筆『満韓ところどころ』で紹介しています。満鉄が大豆に注いだ情熱は並大抵のものではなかったのです。

その後、条太郎は、三井物産の常務取締役にまで栄達しますが、大正3年（1914）、ドイツのシーメンス社による日本海軍高官への贈賄《ぞうわい》疑獄事件に巻き込まれて退社、その後、事業家として多くの会社の社長・役員を務めた後、大正9年（1920）からは衆議院議員を4期務めて政友会幹事長などを歴任しました。また、南満洲鉄道株式会社の社長となり、「満鉄中興の祖」とも言われる活躍をし、昭和10年（1935）には貴族院勅選議員となり、昭和11年（1936）、68歳で逝去しました。

五族協和を目指した日本

さて、こうして満洲は、大豆農場が広がることで関連産業が発展し、生産穀物の中継点となるターミナル駅が発達し、そこが街になり人口が増えることで、人々が使用する電力や交通、流通などの産業が発展し、大都市が誕生していきました。だからこそ日本は、満洲において「五族共和」と「人種の平等」を目指したのです。
五族とは、漢族、満洲族、蒙古族《もうこぞく》、ウイグル族、チベット族の5つです。そこに日本は入っていません。日本が目指したのは、日本が支配者として君臨することではなく、あくまで「現地の人たち」の誰もが豊かに、安全に、安心して暮らせる国であったからです。

日本は満洲統治にあたり、次の3項目を基本として掲げました。

1　悪い軍閥や官使の腐敗を廃し、東洋古来の王道主義による民族協和の理想郷をつくり上げることを建国の精神とし、資源の開発が一部の階級に独占される弊《へい》を除き、多くの人々が餘慶《よけい》を受けられるようにする。

2　門戸開放、機会均等の精神で広く世界に資本を求め、諸国の技術経験を適切有効に利用する。

3　自給自足を目指す。

日本はこの理想を実現するために、満洲国建設に伴う産業開発5カ年計画を策定し、当時のカネで48億円という途方もない資金を満洲に提供しています。そして大豆、小麦といった農産物に加えて、鉄、石炭、電力、液体燃料、自動車、飛行機などの産業を育成したのです。

さらに日本は、満洲における人材教育にも力を注《そそ》ぎました。なぜなら、満洲経済の発展のためには、人材の育成が不可欠だからです。約束を守り、時間を守るという、いわば「あたり前のこと」があたり前にでき、人々が創意工夫をし、公に奉仕する精神がなければ、経済の発展などあり得ないのです。このことは、いまの日本の教育と正反対です。日本経済が衰退するのも道理です。

満洲では、農業、産業、教育の振興と都市部の発展にあわせて、満鉄の路線の総延長が、昭和14年（1939）には、なんと1万キロメートルを超え、バス路線は2万5000キロメートルに及ぶものになりました。満洲航空輸送会社による国内航空路も、網の目のように張り巡らされました。こうして満洲は、世界有数の経済大国として成長していったのです。

繁栄したことで各国から狙われるようになった満洲

しかし日本が満洲に施《ほどこ》したこと、これはチャイナから満洲までの広大な大地の植民地支配を狙う米英からすれば「余計なこと」でした。なぜなら、たとえば英国は満洲から大豆を大量に輸入しています。ならば満洲を自国の支配地に置けば、そこで生まれる利益は、すべて彼らの国のものになるのです。しかも植民地ならば、有色人種に給料を支払う必要もありません。そうなれば人件費コストが下がり、儲けは倍加します。

同様に、その時点でいまだ大陸内に支配地を持たない米国にしてみれば、満洲を支配することは、そこで生産される大豆やトウモロコシ、小麦の栽培で、世界の食卓を支配できることになります。当時の米国は、フィリピンや太平洋の島々を植民地にしていましたが、そうした島々では、広大な地所を必要とする農場の経営はできないのです。

貧乏人には誰も振り向きません。けれども儲けて金を持っている人物のところには人が集まります。なかにはそれを奪おうとする者たちも現れます。人も国も同じなのです。満洲が豊かになると、ここに欧米が垂涎《すいぜん》を流し出したのです。

満洲国は民度も高く、産業も発達していました。ここを植民地として奪えば、奪った国は繁栄が約束されるのです。

同時に満洲には、前々からロシアが南下圧力をかけていました。このことは日本にとって脅威であるだけでなく、チャイナの中南部を実質的な支配下に置いていた米英にとっても、同じく脅威でした。ロシアに生まれたコミンテルン（国際共産主義運動の指導組織）は、平気で治安を乱し、人を殺すからです。

さらにいえば、当時まだ新興国であった米国は、とにもかくにもアジアの大陸中に植民地が欲しい。いまでは米国は、自国で大豆やトウモロコシ、小麦をつくっていますが、広大な大地が広がる黄色人種の国家を植民地にすれば、なにも自分たちで汗水たらして働かなくても、カラードを使役して、彼らの土地で農作物をつくらせればよいのです。

愛情を注がれた農作物

目の前には、満洲の荒れた大地が、見事なまでの緑豊かな豊穣《ほうじょう》な大豆畑になっていました。しかも大豆は、もともと亜熱帯性植物です。そうであれば、これを満洲ではなくチャイナでつくらせれば、収穫高は北のはずれの満洲の比ではない。市場はすでに日本がヨーロッパでつくっています。ジョン・ウェイン（かつてのハリウッドスター）さながらに、これを銃で奪えば、彼らにとって「人類の原罪」である労働をしなくても、腹いっぱい飯が食えて、贅沢三昧できるのです。

ひとつ付け加えておきます。

農作物は、人の子と同じで、愛がなければ育ちません。このようなことを申し上げると、放っておいても育つじゃないか！　とお叱りを受けそうです。けれど、人の子も農作物も同じなのです。手間ひまをかけ、たっぷりと愛情を注がれた子は、すくすくと元気いっぱいに育ちます。

他方、ただ育ちさえすればいいとばかり、機械的な育てられ方をすると、(もちろん年が経てば大人になりますが)、大人になっても、どこか斜めというか、歪《ゆが》みを持ってしまうのです。植物も同じで、たっぷりと愛情を注がれて、元気いっぱい育った大豆から種を採り、これをまた蒔《ま》いて育てることを繰り返すのです。それが毎年、幾世代にもわたって繰り返されるのです。

愛情を注がれた大豆は、世代を重ねるごとに、元気いっぱいのエネルギーに満ち溢れた大豆になっていきます。こうした大豆は、とても美味しく、お豆腐などに加工しても、味がまったく違うし、食べた人を元気にします。

ところが幾世代にもわたって、ブルドーザーと農薬で機械的に育てられた作物は、やはり味も機械的になります。人が、人の形をしていれば、人であるとは言えないように、人とともに生きる農作物もまた「大豆の形をしていれば大豆」ではないのです。

4 明治天皇——本当は偉大だった「教育勅語」

現代教育に欠けているものは何でしょうか。

具体例があったほうがわかりやすいと思いますので、明治天皇が明治23年（1890）に国民に発した「教育勅語」を例にとりましょう。全文というわけにはいきませんので、書き出しの部分です。

【教育勅語】

「朕《ちん》惟《おも》フニ我カ皇祖《こうそ》皇宗《こうそう》國《くに》ヲ肇《はじ》ムルコト宏遠《こうえん》ニ徳《とく》ヲ樹《た》ツルコト深厚《しんこう》ナリ我カ臣民克《よ》ク忠ニ克ク孝ニ億兆《おくちょう》心《こころ》ヲ一《いつ》ニシテ世世ソノ美ヲナセルハ此レ我カ國體《こくたい》ノ精華《せいか》ニシテ教育《きょういく》ノ淵源《えんげん》亦《また》實《じつ》ニ此《ここ》ニ存《そん》ス」

こうした文語体の文章は、わかりにくくて難しいので、昨今では現代語に訳されることが多いです。たとえば明治神宮で発行している「教育勅語」のリーフレットには、次のようにあります。

〈国民の皆さん、私たちの祖先は、国を建て初めた時から、道義道徳を大切にする、という大きな理想を掲げてきました。そして全国民が、国家と家庭のために心を合わせて力を尽くし、今日に至るまで美事な成果をあげてくることができたのは、わが日本のすぐれた国柄のおかげであり、またわが国の教育の基づくところも、ここにあるのだと思います〉

こうして現代語訳していただけることは、最初の取っ掛かりとして文語体の古い文章に馴染みのない現代人にとっては、大変にありがたいことです。けれど、それでわかったような気になっていると、実にとんでもない大事なことを見落としてしまいます。

言葉に込められた深い意味

昔の人は、一つひとつの単語や漢字ごとに、その深い意味を学んでいました。それが日本の教育でした。ですから、教育勅語の文が文語体で書かれているのは、ただ「難しく書こうとしている」のではなく、あたり前のことですが、その一つひとつの文字や漢字に込められた意味や思いがあるからです。そうした言葉の一つひとつの深い意味を、昔の人はしっかりとわきまえながら、その意義を受け止めていたわけです。

これがどういうことなのか、上の教育勅語の文で説明を試みてみます。もちろん、これが完璧だというわけではありません。ほかにももっと深い意味があると思いますが、わかりやすさを優先して述べてみましょう。

〈朕惟《ちんおも》フニ〉

ここで「惟フ」という単語が用いられています。「惟フ」は「思う」と違って、スズメがチュンチュンと跳ねるように、どこに飛んでいくかわからない千々《ちぢ》に乱れた心を意味します。ですからここは、単に「思っている」ということではなくて、「わたくしが千々に乱れる心でいろいろと乱れ考えてみますに」といった意味になります。

〈我カ皇祖《こうそ》皇宗《こうそう》〉

この文を下賜されたのは明治天皇ですから、明治天皇の皇祖、すなわちご皇室のご祖先という意味です。ご皇室のはじまりは初代・神武天皇《じんむてんのう》ですから、いわば「神武天皇以来」といった意味になります。

問題は「皇宗」で、「宗」という字は、「おおもと」を意味します。そして皇室のご祖先、すなわち神武天皇のご祖先は、神話の時代の天照大御神《あまてらすおおみかみ》であり、天照大御神のご祖先は、初の男女神であるイザナギ、イザナミにまでさかのぼります。そしてイザナギ、イザナミの前には、国常立神《クニノトコタチ》や、天之御中主神《あめのみなかぬしのかみ》がおわします。

つまり、天地創生の神々、別な言い方をするなら、時空創造の神々がおわします。ということは、ここでいう「我カ皇祖皇宗」とは、「天皇の始まりである初代・神武天皇以来の皇統、さらにそれ以前の神話の時代の神々」といった意味になります。

〈國《くに》ヲ肇《はじ》ムルコト宏遠《こうえん》ニ〉

「肇」という字は、神々によって啓《ひら》くことを意味します。したがって「国を肇むる」とは、我が国が神々によって啓かれたということを指します。

それが「宏遠ニ」です。「宏」という字は、「宀《うかんむり》」が屋根を示し、その屋敷の中を右手で探している象形で、単に広いだけでなく、さまざまな複雑な要素を絡めながら、奥行きが深いときに用いられる漢字です。似た意味の漢字に「広（廣）」がありますが、こちらは屋根の下に黄金を身に着けた人がいるという象形で、黄金を身に着けた人が住む家ですから、きっと大きな家だろうということで、そこから「そのような家は、屋敷が広い」という意味になり、「広いお屋敷」を意味するようになった字です。

ということは、ここでいう「國ヲ肇ムルコト宏遠ニ」は、「神々の御意思によって国が肇められてから、我が国は遠い昔よりさまざまな出来事を経験してきた」といった意味になります。

〈徳《とく》ヲ樹《た》ツルコト深厚《しんこう》ナリ〉

「徳」という字は、歩いて進むことを意味する「彳」に、まっすぐな心を意味する「悳《とく》」が合わさった字で、まっすぐな心で進むことを意味します。その「まっすぐな心で進むこと」を、植樹するようにしっかりと植えてきた。それだけでなく「深厚」、つまり「深く厚く」

してきた、と書かれています。

つまり「徳ヲ樹ツルコト深厚ナリ」は、「まっすぐな心で進むことを、樹を植えるようにしっかりと育《はぐく》み、さらにその徳を深く厚くしてきました」と、このように述べているわけです。

ここまでをまとめますと、次のようになります。

〈**朕惟《チンオモ》フニ**　わたくし（明治天皇）が千々に乱れる心でいろいろと乱れ考えてみますに、**我力皇祖皇宗《コウソコウソウ》**　天皇のはじまりである初代・神武天皇以来の皇統、さらにそれ以前の神話の時代の神々、**國ヲ肇《ハジ》ムルコト宏遠《コウエン》ニ**　その神々の御意思によって国が肇められてから、我が国は遠い昔よりさまざまな出来事を経験し、**徳《トク》ヲ樹《タ》ツルコト深厚《シンコウ》ナリ**　まっすぐな心で進むことを、樹を植えるようにしっかりと育み、さらにその徳を深く厚くしてきました〉

昔の人は、教育勅語の原文から、こうした深い意味をしっかりと受け止める勉強をしてきましたし、文章を読むときには、そういう読み方ができるように日々研鑽《けんさん》を重ねていたわけです。

1000年の歴史を持つ我が国の教育

そして、ここまで深く読むと、次には、「それぞれの語句がどうして用いられているのか」「なぜそのようなことを言っているのか」といったことを「考える」ことができるようになります。

「考える」思考というのは、ただ思うだけでなく、しっかりと理知的かつ論理的に考えることを言います。単にクイズの答えを考えるということとは、まるで意味が違います。なぜなら、前者は論理的思考であり、後者はただ思い出すだけだからです。

たとえば、冒頭の「我カ皇祖皇宗國ヲ肇ムルコト宏遠ニ」という言葉にある「宏遠ニ」では、「では、そのはじまり（始期）はいつのことでしょうか？」と問われるわけです。

「えー、神武天皇じゃないのぉ？」

「そこです！　どうして神武天皇が初代天皇なのでしょうか？」

と、こうして思考力が磨かれていくわけです。


囲碁や将棋では、高段者は一手ごとに千手先まで読み通して次の一手を決めるといいます。だから勝ちます。初心者は、気分で次の一手を打ちます。だから負けます。

日本の児童教育は、すでに飛鳥時代には非常に高度な教育プログラムが実施されていたといいます。そして、最低見積もっても、１０００年の歴史を持つ我が国の教育システムは、明治の洋風化と戦後のＧＨＱによって、いまや完全に崩壊させられています。


だから、誰もが「教育がおかしい」と言うし思うし、多くの教育評論家もそれを言うし、政治家も、その多くが「教育改善」を公約にしています。にもかかわらず、そうした教育評論家や政治家が教育に介入すればするほど、教育現場の質が落ちていっていると言われています。

なぜでしょうか。

理由のひとつは、明治以降、そして現代の教育が、そもそも「否定」から入っているからです。過去の教育の否定から新しいものを生み出そうと、実は「無駄でしかない悲しいあがき」をしているように思えるのです。根底において否定があれば、どこまでも否定が続きます。この「否定することが正義である」という思考は、実は西洋文明のジレンマです。

我が国の過去にあった素晴らしい教育を否定ではなく肯定する。現代教育を否定するのではなく、これもまた肯定する。そうすることによって、現代教育のいいところと、昔の教育のいいところを組み合わせて、さらによりよい教育へとシフトさせていく。実は、そうした姿勢が、いま一番求められていることではないでしょうか。

戦後、偏差値教育が否定されました。けれど偏差値は、単にテストの平均点を50点に合わせただけのものです。どうして否定する必要があったのでしょう。子どもたちを単に成績で序列化することが否定され、それによって通信簿の5段階評価も消えていきました。本当にそれがいいことであったのでしょうか。

通信簿には、単に学業の成績だけではなく、生活態度や思考力といった、成績だけでは測れない項目についても掲載されています。テストの成績が悪くても、体育ができる。テストも体育もダメでも、上手に絵を描くことができる。テストも体育も絵もダメだけれど、人を笑わせることが上手である。あるいは生活態度がとてもいいなど、人にはそれぞれ得手不得手があるものです。

それらをすべて認めていく中のひとつが学年順位であったりもしたのです。つまり、学年順位も偏差値も、まったく否定する必要のないものであったのです。

現代教育は、子どもたちには難しいことなどわかりっこないから、やさしく、簡単にしたほうがいいとしています。そんなことはありません。実は子どもたちは、とっても優秀なのです。

国民に信頼と安心を与えるリーダー像を体現

明治天皇は、まさに日本の近代化を導《みちび》かれた偉大な御存在でした。そのご事績やお人柄を振り返ると、私たちが今の日本に生きていることのありがたさを、しみじみと感じさせてくださいます。教育勅語の中にもありましたが、明治天皇は、ご自身が模範《もはん》となって国を導くという姿勢を貫かれました。

例えば、質素倹約を国民に呼びかけられる際には、まず天皇ご自身が衣食住を切り詰められ、宮中でも質素な生活を実践されました。これは、「言うだけ」ではなく「行う」ことで、国民に信頼と安心を与えるリーダー像を体現されていたのです。

また明治天皇は、国際社会の中での日本の立場を深くご理解され、欧米列強と対等にわたり合える国づくりを目指された天皇でもあられます。そのために行われたのが軍制改革であり、殖産興業《しょくさんこうぎょう》の推進です。同時に戦争を安易《あんい》に望まず、国際的な協調も大切にされていました。

実際、日清・日露戦争後の講和にあたっても、国民感情がどれほど高ぶっても、常に冷静に「平和の尊さ」と「人命の重み」を説かれておいでだったのです。

第4章

素晴らしい日本を遺すために

大正、そして先の大戦から現代

本章では、大正、そして先の大戦から現代に至る日本の歩みを振り返り、未来へと続く国家のあり方を問います。硫黄島で壮絶な指揮を執った栗林忠道《くりばやしただみち》陸軍中将の訣別電報、特攻機「赤とんぼ」の奇跡の戦果、そして根本博陸軍中将の活躍など、戦場での英雄たちの姿を描きます。また、特高警察の実像を検証し、日本国憲法の誤訳や改正問題など、現代日本が直面する課題を深く掘り下げます。本章を通じて、日本の歴史と伝統を見直し、いかにして「素晴らしい日本」を次世代に遺していくべきかを考えます。

1　栗林忠道陸軍中将——硫黄島の激戦を指揮した男の訣別電報

硫黄島の戦いは、昭和20年（1945）2月19日から3月26日まで続いた激しい戦いです。この戦い末期、日本軍守備隊の最高指揮官であった栗林忠道《くりばやしただみち》陸軍中将が訣別電報を打電しました。涙なくして読めない電文です。原文は文語体ですので、現代語に訳してご紹介します。

暗い地下道で35日間も耐え続けた

【硫黄島最高指揮官栗林忠道陸軍中将の訣別電報】

〈（硫黄島の）戦局はついに瀬戸際となりました。敵がやってくるとわかって以来、指揮下にある将兵の敢闘は、まことに鬼神さえも哭《な》かせるものでした。想像を越えた物量的優勢で行われる陸海空の攻撃に対し、あたかも徒手空拳《としゅくうけん》同様の装備でありながら、よくここま

栗林忠道陸軍中将

で健闘を続けたことは、私のいささかのよろこびとするところです。

しかし、あくなき敵の猛攻に味方は相次いで倒れ、ご期待に反してこの要地を敵手に委ねる状況になったことは恐懼《きょうく》に堪えません。いくえにもお詫びを申し上げます。

いまや、弾丸尽き、水涸《か》れました。これから残った全員で最後の反撃を行います。いま、あらためて皇恩を思い、粉骨砕身します。ここに一切の悔いはありません。

硫黄島は、これを奪還しない限り、皇土は永遠に危険にさらされることを思い、この先は、魂魄《こんぱく》となっても誓って、皇軍の捲土《けんど》重来《ちょうらい》の魁《さきがけ》となります。

ここに最後のときにあたり、重ねて真心を披歴《ひれき》するとともに、ひたすら皇国の必勝と安泰とを祈念しつつ、永遠にお別れを申し上げます。

なお、父島・母島等については、同地にある麾下《きか》の将兵らはいかなる敵の攻撃であっても、これを断固破砕することを確信しますので、なにとぞよろしくお願い申し上げます。最後になりますが歌を詠みました。ご照覧いただき、なにとぞご添削いただければと思います〉

国の為　重きつとめを　果し得で　矢弾尽き果て　散るぞ悲しき

仇討《あだう》たで　野辺《のべ》には朽《く》ちじ　吾は又　七度生れて　矛《ほこ》を執《と》らむぞ

醜草《しこぐさ》の　島に蔓《はびこ》る　その時の　皇国《みくに》の行手　一途に思ふ

電文にありますように、米軍は圧倒的な火力をもって、陸海空から猛攻撃を加えました。栗林陸軍中将以下の硫黄島守備隊は、それを予期して島中に地下道をめぐらせました。硫黄島は岩石の島です。その岩石を地中深く、手作業で掘り進めたのです。坑道の全長は18キロメートル以上にも及びます。

掘った地中の通路は、硫黄島の火山から噴出される硫黄ガスが立ち込め、坑道内は30～50度の地熱で、湿気も多く、まるで蒸し風呂のような状態でした。

地下には風も吹きません。そんな坑道にあって、敵の爆撃を耐えしのぎ、隙《すき》を見つけては敵軍の上陸部隊を叩き続けたのです。

硫黄島にある摺鉢山《すりばちやま》の頂上には、もともと日章旗が掲げられていました。しかし、島に上陸した米軍によって、その日章旗は降ろされ、代わって星条旗が掲げられたのですが、我軍はその星条旗を三度も引きずり降ろして日章旗を掲げました。三度目の日章旗は、白地は黄ばみ、日の丸が赤茶色であったそうです。汚れた布を日章旗に仕立て、真ん中の日の丸を血で染めたのでしょう。

敵が猛然《もうぜん》と降《ふ》らせる重爆撃や、塹壕《ざんごう》の入り口に放たれる火炎放射器の炎熱を、暗い地下道の中で35日間も耐え続け、散華《さんげ》されたのは、ほかの誰でもない、私たちと血のつながった若者たちです。

昭和天皇のご英断

その勇気ある戦いのおかげで、日本はギリギリ、終戦後も国家の解体を免れました。それは、戦って命を失ったあとも護国の鬼神となって国を守ってくださった英霊のおかげであると思います。

ベトナム戦争がそうであったように、日本が本土決戦を選択していたら、その後の結果はどうなったかわかりません。けれど、日本が大戦を一方的に終結させたのは、当時、新型爆弾と呼ばれた核爆弾の撃ち合いになることを恐れたからです。それは昭和天皇のご英断によるものでした。

このことには少し補足説明が必要です。戦争は国家の行う正義の発露です。なぜ正義なのかというと、国際法上、戦争は3つの場合しか認められていないからです。

一つは「**自衛戦争**（Defensive war）」です。国家には国家生存権があります。その生存が脅《おびや》かされたとき（他国に攻め込まれたとき）は、当然に国家は戦争権を行使できます。

二つ目は「**制裁戦争**（Punitive War）」で、他国が国際法や条約を破った場合に、それを制裁する目的で行われる戦争です。具体的な例としては、1900年の義和団事件における列強の対清国出兵があります。

三つ目は「**集団的自衛権**（Collective self-defense）」です。平和維持活動（PKO）や、停戦合意後の治安維持を目的とする軍隊の派遣などがこれにあたります。

それ以外の戦争、たとえば「侵略戦争」は国際法上の違法行為です。

さらに実際の戦争行為においては、これは国家の行為ですから、国際法上、軍服を着て軍帽もしくは鉄兜《てつかぶと》を被《かぶ》り、銃などの武器を携帯している者なら撃ち殺してもいいというルールになっています。そうでない一般市民を虐殺すれば、それは戦争行為とは認められず、ただの虐殺行為（Holocaust）になります。当然、それは犯罪行為です。

ところが先の大戦において、日本の敵となった国は、全国各地の都市への無差別爆撃を行ったのみならず、昭和20年（１９４５）8月には、広島、長崎に新型爆弾を投下し、多くの一般市民を虐殺しています。つまり、これは明らかな犯罪行為であり、戦争行為とは認められないものです。

日本は武士道の国です。ですから不条理の前では堂々と戦います。戦争であれば、軍服を着た兵隊さん同士、まさに果敢に勇敢に戦います。けれど虐殺行為や殺戮《さつりく》行為のような犯罪に加担することはできません。ですから同年8月15日、自主的に戦闘行為を「終わらせた」のです。自主的に戦闘行為を終わらせれば、あらゆる不条理を行われる可能性もあります。それでも私たちの先輩たちは、報復のための虐殺や殺戮行為に走るのではなく、正々堂々と矛《ほこ》を収めたのです。だから、この日を私たちは「終戦の日」と呼んでいます。「敗戦の日」ではないのです。

このことは、昭和天皇の「終戦の御詔勅」にも明確です。

終戦の御詔勅――その真意とは

毎年終戦の日がやってくると、テレビは終戦特集を組み、昭和天皇の玉音放送の中から、「耐へ難《タガタ》キヲ耐へ　忍《シノ》ヒ難キヲ忍ヒ」ばかりが繰り返し放送されます。これでは国が勝手に戦争を始め、敗れて国を焼土にしておきながら、それでも厚顔に「耐え難きを耐えて我慢しなさい」と身勝手なことを言っているかのような印象を持つ人が出てしまいます。違うのです。

まず、天皇の御肉声のことを「玉音《ぎょくおん》」と言います。それぞれの時代に、天皇が「玉音」を発せられたことは、我が国の歴史に多々ありますが、全国民に向けて直接「玉音」が発せられたのは、この終戦の御詔勅と、東日本大震災に際して、および御譲位に際しての先帝陛下の「玉音」の3回だけです。つまりこの3回は、我が国の歴史に刻まれるべき重要な「玉音放送」なのです。

終戦の御詔勅は、皇紀2605年に124代続く我が国ご皇室の伝統において、初めて全国民に向けられた玉音放送です。まさに昭和天皇の国民への慈愛の賜物なのです。

それだけ貴重な玉音放送でありながら、813字のこの御詔勅の中のわずか14文字だけを切り取って、繰り返し放送の電波に乗せるというのはいかがなものでしょうか。放送は、時間の制約から、発言は切り取らなければならないものであるかのように言われますが、どうでもいいようなくだらない番組や、くだらない評論家の長々とした意味のない発言をダラダラと繰り返すより、国民に対する責任として、特に重要なものは、そのすべてをきちんと国民の前に示すべきです。

まして終戦の御詔勅は、我が国の歴史始まって以来の、初の全国民に向けた玉音です。そういうことをきちんとやることこそ、報道の正義というものです。

そしてこの終戦の御詔勅の中に、とても大切なことが述べられています。そのひとつが次の文です。

〈加之《しかのみならず》敵ハ新《あらた》ニ残虐《ざんぎゃく》ナル爆弾ヲ使用シテ頻《しき》リニ無辜《むこ》ヲ殺傷シ惨害ノ及フ所真《しん》ニ測《はか》ルヘカラサルニ至《いた》ル而《しか》モ尚交戦ヲ継続セムカ〉

（現代語訳）「そればかりか、敵は新たに残虐なる新型爆弾を使用し、いくども罪なき民を殺傷し、その惨害の及ぶ範囲は、まことにはかりしれません。この上、なお交戦を続けるのでしょうか」

「新ニ残虐ナル爆弾ヲ使用シテ」とありますが、これは広島と長崎に投下された大型爆弾のことを意味しています。広島に投下された直後に、日本において、それが「新型爆弾」だとわかったのは、投下されたのが8月ですが、同じ年の1月の段階で、日本では新型爆弾の開発がすでに終了段階に達していたことによります。

当時陸軍では、この爆弾を本土近海に攻めてきた敵艦隊、および米本土への投下に使用することで戦局の打開を計画していましたが、陛下は、この爆弾の使用はおろか、開発まで即時停止をお命じになられています。たとえ、それが敵の軍事施設や敵艦船だけを狙うものであったとしても、その被害影響は、必ず周辺住民に及ぶからです。

つまり「新型爆弾」の使用は、通常の制服軍人同士が行う戦争と異なり、民間人に打撃を与えるのです。これは、いわばリングの外の場外乱闘であって、国際法に規定する国家の戦闘を超えます。

だから陛下は、即時開発停止と使用の禁止をお命じになられておいでなのです。

陛下がこのように直接ご下命されることは、我が国の慣例として、通常はあり得ないことです。なぜなら、陛下がご命令をなされれば、それは陛下が政治権力を行使することを意味してしまうからです。陛下が政治権力を行使すれば、陛下の「おほみたから」である権力からの自由を得ている民衆は、諸外国と同様、権力のしもべになってしまいます。つまり、権力の下にある隷民となってしまうのです。

そもそもこれを否定したのが、我が国の天皇という存在です。したがって、陛下の原爆開発と使用禁止ご下命というのは、あり得ない、あってはならないことなのです。それでも陛下がそのようなご下命をされたことは、我が国が行っていたことは、どこまでも戦時国際法のルールにのっとった戦争であって、場外乱闘ではないということを意味します。

そして陛下は、「而モ尚交戦ヲ継続セムカ」と、場外乱闘となってまでも、「なお交戦を続けるのでしょうか？」と我々国民（臣民）に問うておいでになられます。

それは「戦争とは何か」を、あらためて国民（臣民）に問うものです。このお言葉に「民族としての誇り」を感じるのです。皆さまはいかがでしょうか。

神々の見えざる手

我が国の歴史を振り返ると、たとえ戦いに敗れたとしても、神々の見えざる手、つまり神々の御意思がそこに働いていたことに気付かされます。

思うに大東亜の戦いは、世界の人類が一部の人間の支配によって収奪され続けるという「権力の世界」から、世界の人類が権威のもとに、大御宝《おほみたから》とされる、究極の民主主義実現のための、人類100年戦争の緒戦であったといえるかもしれません。

80年前の長く苦しい戦いは、これからいよいよ世界を前進させる大きな意義を持つものとして、世界で再評価されるように、必ずなっていきます。

英霊に、あらためて感謝の意を捧げ、黙禱《もくとう》したいと思います。

栗林陸軍中将は、その辞世で「矢弾尽き果て散るぞ悲しき」「七度生れて矛を執らむぞ」「皇国の行手一途に思ふ」と詠まれました。その言葉は、そのまま先の大戦の島嶼《とうしょ》で散った27万の英霊の思いであったことでしょう。

戦後生まれの私たちは、そのおかげで誰一人徴兵に召されることのない、戦争のない、そして比類ない経済的繁栄を経験させていただきました。いま私たちは、私たちの子や孫たちに、素晴らしい日本を遺しているといえるのでしょうか。

ちなみに2023年には、小室直樹先生の『野辺《のべ》には朽《く》ちじ　硫黄島　栗林中将の戦い』（WAC BUNKO）が刊行されたことも付記しておきます。

2 「赤とんぼ」(九三式中間操縦練習機)――決死の戦い

「赤とんぼ」というのは、昭和9年(1934)に練習機として採用された複葉の飛行機です。正式名称は「九三式中間操縦練習機」で、鋼管フレームに躯体《くたい》は木、翼は布張りでできていました。日頃は練習機として使われ、機体を視認しやすい「オレンジ色」に塗装していたことから、多くの国民から「赤とんぼ」の名称で親しまれた飛行機です。

飛行機としての性能は、当時使用されていた戦闘機などと比べて圧倒的に低く、たとえば当時の戦闘機は、だいたい時速600キロくらいのスピードで飛んだのですが、「赤とんぼ」は特攻のための250キロ爆弾を搭載すると、その飛行速度は最大で時速130キロくらいです。

しかも飛ぶためには、エンジンを全開にしたフルスロットル状態でようやく空に浮いているという状況でした。

その「赤とんぼ」が、見事、特攻作戦を成功させ、米駆逐艦「キャラハン」そのほか3隻の艦艇を撃沈破する大戦果を挙げたのです。

そうはいっても「赤とんぼ」は、大東亜戦争の末期には、自動車で言ったらすでに11年落ちです。当時としては、すでに軍用機としては相当型落ちの旧式飛行機です。ただ良いところもあって、燃料のガソリンに、アルコールを混入した「八〇丙《へい》」という劣悪な燃料でも飛ぶことができました。

大東亜戦争末期の昭和20年（1945）の時点で、日本の石油輸入量はゼロです。こうした機は、ある意味、実に貴重な存在だったわけです。

沖縄を護る

昭和20年7月24日、台湾の龍虎《りゅうこ》海軍基地で、九三式中間操縦練習機を使って夜間爆撃訓練をしていた三村弘上飛曹以下8名に特攻命令が下りました。

7月26日早朝、台湾の新竹基地に到着した彼らに、「神風特別攻撃隊第三龍虎隊」の命名式と別盃式が行われました。

式が終わると、彼らはすぐに出発しました。台湾の宜蘭《ぎらん》基地を経由して、石垣島に向かい、そこから先島諸島、宮古島へと移動するのです。これは本来なら、台湾からひと飛びの距離です。

しかし、それができるだけの性能が、この飛行機にはありません。燃料も持たなかったし、とにかく速度が遅いから、飛ぶのに時間がかかるのです。この移動だけでも九三式中間操縦練習機にとっては大変なことでした。

実は、「第三龍虎隊」に先だって「第一、第二龍虎隊」が台湾を出発しています。しかし第一も第二も、飛行中に機体に故障が続出、さらに天候不良が重なって、両隊ともほぼ全機が与那国島《よなぐにじま》へ不時着し、飛行不能となり、攻撃が中止されていたのです。

こういう機まで、特攻作戦に参加させる。特攻機の向かう先は、沖縄の海でした。そこまでしてでも、日本は沖縄を護ろうとしたのです。

性能の限界に挑んだ「赤とんぼ」

28日夜半、「第三龍虎隊」は、赤とんぼに250キロ爆弾をくくりつけました。これまた無茶な話です。当時の戦闘機は2000馬力級です。対する赤とんぼのエンジンは、わずか300馬力です。爆弾をくくりつけたとたん、それだけで機の性能の限界に挑む飛行になるのです。

おかげで、宮古島を離陸してすぐに、8機のうちの1機がエンジントラブルに見舞われてしまいました。限界を超えてエンジンを全回転させているのです。無理もありません。やむを得ず、その機は引き返しました。引き返した機は、ようやく宮古島に到着したのですが、着陸までエンジンが持たず、機が大破しています。

残る7機は、三村隊長機を先頭に、整然と隊列を組んで沖縄に向かいました。しかし、やはりエンジンが不調となり、2機がいったん宮古島に引き返しています。残る5機は、そのまままっすぐに米艦隊の群がる沖縄の海に向かいました。

沖縄までたどり着くだけでもリスキーな赤とんぼです。その沖縄の海には、見わたす限りの米軍の大艦隊がいます。到着したとしても、速度の遅い赤とんぼに、猛烈な敵の対空砲火をかいくぐり、見事、特攻を成功させることができるのでしょうか。

三村隊長は、出発前の日記に、

「九三中練で死ぬとは思いもよらず」

「九三中練とはちょっと情けないが、我慢しよう」

と書いています。どう見ても、できるはずもない作戦だったのです。


ところが奇跡が起こりました。

まず赤とんぼ隊は、米軍のレーダーに発見されなかったのです。いや正確には、レーダーに発見されたのですが、飛行機と思われなかったのです。

実は米艦隊は、当時、最新式のレーダー探知機を使って、赤とんぼ隊を150キロ手前で捕捉したのです。ところが、赤とんぼは、極めて操縦性能の良い練習機です。夜の海を海上すれすれに飛んでいます。そのためレーダーに捕捉されにくく、しかも機体は木と布です。たまにレーダーに反応しても、光点は、点いたり、消えたりだったのです。しかもあまりに飛行速度が遅い。

このことは米艦隊内でも、議論になりました。

レーダーに出たこの光点は、鳥か、飛行機か、誤反応か？

本来なら、特攻攻撃に備えて準備万端整えるのに、その迷いが、米軍の戦闘準備を遅らせました。そして米軍が、ようやく「敵機だ」と気が付いたときには、すでに赤とんぼ隊は、艦隊のわずか20キロ、到着までわずか10分弱の距離まで近づいていたのです。

「敵機来襲！」

米艦隊は大慌てで特攻攻撃に備えました。けれど、当時の艦船の戦闘準備というのは、そんなに何分でできるような簡単なものではありません。艦上は大混乱に陥りました。

「敵は、どこだ⁉」

見れば、もう目の前を超低空で日本機がやってきています。しかもそれはなんと、古式ゆかしい2枚羽根の飛行機です。

当時、米軍が日本の特攻機対策のために採用していた対空用の高射砲は、飛来する飛行機のすぐそばで破裂すると、弾薬の中の鉄片が四散し、弾が直接当たらなくても、敵機を撃墜できるというものでした。ところが、練習機赤とんぼは、あまりの低空飛行です。高性能高射砲を、その角度で撃ったら友軍の艦船に弾が当たってしまう。

それでも果敢に近距離砲を使って、米艦隊は全艦をあげて迎撃を行いました。滅茶苦茶に弾が飛んでくる。赤とんぼは低速です。何発もの弾が、赤とんぼに命中しました。いや、命中したはずでした。しかし、赤とんぼは墜ちないのです。

対空砲火の弾は、敵機に当たると炸裂するようにつくられていましたが、赤とんぼは「布張り」です。弾が当たっても貫通してしまって炸裂しない。エンジンか、燃料タンク、もしくは搭乗員に命中しない限り墜ちないのです。

三村隊長以下5機の「第三龍虎隊」は、全機、敵弾を受けて機体を穴だらけにしながら、さらに敵艦隊に肉迫しました。敵の輸送船には目もくれません。狙いはあくまで敵の軍艦です。

最初の1機が、米軍の誇る最新鋭駆逐艦「キャラハン」の右舷に体当たりしました。赤とんぼは低速で、しかも機体も軽いから、艦上で爆発炎上し、木端微塵《こっぱみじん》になりました。通常これだけでは固い装甲を施《ほどこ》した駆逐艦は沈没しません。ところが赤とんぼが、やっとのことで吊り下げてきた250キロ爆弾は装甲弾です。爆弾は機関室まで突入し、そこで大爆発を起こしました。

「キャラハン」の機関室のすぐ脇には、対空弾薬庫がありました。炎はこれに誘爆し、艦は大爆発炎上したのです。そして午前2時35分に沈没してしまいました。それは、あっという間の出来事でした。

米軍は、大東亜戦争当時の自軍の被害については、いまに至るまで、その場であっという間に完全に沈没した艦以外は「沈没」として発表していません。たとえば大破炎上して数時間の後に沈んだ船は、それが敵である日本の船なら「撃沈」に加えられますが、自軍の船なら「大破」として発表しています。「戦いの場では沈んでいない」というわけです。

けれど、このときの「キャラハン」は、どうにも誤魔化しようのないものでした。だから「沈没」とされました。そして、この駆逐艦「キャラハン」が、米軍の発表する最後の「特攻機に沈められた艦」となりました。

続く2番機は、キャラハンのすぐ近くにいた駆逐艦「プリチェット」に突入しました。「プリチェット」の対空砲火開始は、なんと赤とんぼとの距離が1500メートルに迫ったときでした。それでもギリギリ、艦のわずか1・8メートル手前で、赤とんぼを撃墜しました。しかしこの日のために訓練を積んだ「第三龍虎隊」の執念だったのでしょうか。赤とんぼは、海上に激突する寸前に、搭載した250キロ爆弾を、機体から切り離したのです。爆弾は海面に激突する赤とんぼを離れ、弧を描いて「プリチェット」に命中、大破炎上しました。

このことは、艦までわずか1・8メートルの距離にまで迫った赤とんぼの機体の中で、パイロットに意識が残っていたことを示しています。死までのほんの何秒の瞬間まで、その闘志が衰えていなかったのです。

おそらくその時点で、彼の全身には敵の重火器の砲火があたり、もしかしたら肉体の一部は飛ばされてなくなっていたかもしれません。そういう、過酷な状況の中で、それでも彼は操縦桿をひき、爆弾投下スイッチを操作し、「プリチェット」に250キロ爆弾を当てているのです。まさに闘神そのものです。

「プリチェット」の近くにいた、米駆艦「カシンヤング」は、迫ってきた赤とんぼ2機を撃墜しました。

ところが、いったん宮古の基地に引き返した「赤とんぼ」2機が、機体の整備を終えて、すぐに後方から迫ってきていたのです。

この2機も、やはり米軍のレーダーに発見されずに飛来しました。そして気付いたときには、最初の特攻攻撃が終わってホッとひと息ついていた「カシンヤング」の目の前に、こつ然と、その複葉の機体をあらわしたのです。「カシンヤング」は迎撃準備をする暇さえありませんでした。

超低空を飛行してきた2機の赤とんぼは、仲間の敵討《かたき》ちとばかり、「カシンヤング」の右舷に激突しました。「カシンヤング」は艦の中央部が大爆発し炎上しました。この戦闘で「カシンヤング」は22人が戦死、45人が重傷を負っています。

さらにこの戦いで、米駆逐艦「ホラス・A・バス」にも特攻機が命中しています。タイミングからして、これも赤とんぼの第三龍虎隊による戦果であるとしか考えられません。

結局、「第三龍虎隊」7機中5機が命中しました。成功率7割です。大戦果です。

神風特攻隊第三次龍虎隊の碑

いま、宮古島の市営陸上競技場の東の嶺《みね》に、彼ら「神風特攻隊第三次龍虎隊」の碑が建っています。そこには、次のように記載されています。

【建碑の由来】

〈もう何も思うまい何も思うまいと　思うほどこみ上げる父母への思慕故郷の山河　今生《こんじょう》の別れの瞼《まぶた》にうかぶ月影　淡く孤独を伴に無量の思いを抱き　唯ひたすら沖縄へこの胸中いかにとやせん、ああ途絶の死　真に痛恨の極みなり

一九四五年七月二十九日夜半

神風特別攻撃隊第三次龍虎隊

上飛曹　三村　弘

一飛曹　庵　民男

同　近藤　清忠
同　原　優
同　佐原　正二郎
同　松田　昇三
同　川平　誠

義烈七勇士は日本最後の特攻隊として世界恒久の平和を念じつつここ宮古島特攻前線基地を離陸沖縄嘉手納《かでな》沖に壮烈特攻散華《さんげ》す　その武勇萬世に燦《きらめき》たり。願はくば御霊安らかに眠られよ　父母のみむねに

神風特別攻撃隊龍虎隊一同

一九九五年七月二十九日　神風特攻第四次龍虎隊員　滋賀県　水口　笹井敬三　建之〉

【鎮魂の詩】

紺碧《こんぺき》の海風《うみかぜ》　亦清《またきよ》し
島人《とうじん》素朴《そぼく》にして
人情《にんじょう》濃《こ》いなり

誰《たれ》か思わん　此《こ》の地激戦跡《ちげきせんあと》なるを
瘡痍飢餓《そういきが》将兵僵《たお》る
相図《あいはか》る戦友建碑《けんび》の事
鎮魂痍悼《ちんこんとうい》安眠を祈る
幾《いく》たびか島を尋《たづ》ねて遺族感泣《かんきゅう》す
更に願う
島を守りて平和の全《やす》きを

昭和六三年十月吉日

事実を語り継ぐことの大切さ

この文を書く前、たまたまウィキペディアで「特別攻撃隊」の記事を読んでみたら、そこには、次のように書いてありました。

〈元々鈍足な上に重量のある爆弾を無理やり搭載していたため、極端に速度が遅く航続距離も短い複葉機や固定脚を突き出した旧式機で編成したこれらの特攻隊は、敵機の好餌《こうじ》であり、ほとんど戦果をあげられなかった。だがまったく使えなかった訳でもなく、僅《わず》かながらも戦果を挙げている〉（九三式中間練習機による特攻は、昭和20年〈1945〉7月29日出撃の「第三龍虎隊」が駆逐艦1隻を撃沈している）

悲しいことです。「わずかばかり」とは、なにごとでしょうか。しかも、戦果は駆逐艦1隻だけではないのです。

戦後、私たち日本人は、命を懸けて戦った帝国軍人を、微妙な言い回しで辱《はずかし》め、貶《おとし》めてきました。でも、もう真実に目覚めるときです。いつまでもお人よしで騙され続ける日本人ではいけない。事実は事実として明確に主張し、断固として自存自衛を確立した日本を、感謝と希望で取り戻すときがやってきたのです。

3　根本博陸軍中将――邦人4万人の命を救った〝鉄の男〟

台湾は、チャイナ大陸の福建省から南シナ海で180キロメートルの距離にある島国です。その台湾に不思議なことがあります。

そのひとつが金門島です。金門島はチャイナの福建省からわずか1・8キロメートルのところに、まるでチャイナ大陸にへばりつくようにある島です。そこはいまも台湾の勢力圏です。

さらにもうひとつ。なぜ台湾本島は、国共内戦当時、チャイナ共産党に攻められなかったのか。これまた不思議なことです。

大東亜戦争後、米英の支援を絶たれた国民党は、チャイナ各地で八路軍《はちろぐん》（チャイナ共産党軍の通称）に敗れ続け、ついに蔣介石《しょうかいせき》はチャイナ大陸を追い出されました。八路軍側が圧勝したにもかかわらず、八路軍は台湾本島に攻め入ることをしませんでした。なぜでしょうか。

実は、ここに日本人が関係しています。これは戦後60年間、封印されていた史実です。

「戦神」と呼ばれた男

チャイナで中華人民共和国が建国宣言する2カ月前、金門島で国民党軍と共産党軍による激烈な戦いが繰り広げられました。戦いは、国民党軍の完膚《かんぷ》なきまでの完全勝利となりました。この戦い以降、チャイナ共産党は国民党への追いつめ作戦（攻撃）を止めました。だから、台湾ではいまも国民党が存続し、台湾は台湾として存続しています。

このことから言えるのは、金門島の戦いが、当時破竹の勢いだったチャイナ共産党軍に、国民党を攻める意欲さえも失わせた、ということです。共産党軍は、そこで何を恐れたのでしょうか。

それが、「戦神《いくさかみ》」です。その国民党側に「戦神」がいたからこそ、チャイナ共産党軍は金門島ひとつを陥《お》とすために、どれだけの兵力の損耗《そんもう》をするかわからないと恐怖し、以後の台湾侵攻をあきらめたのです。

この事実が明らかにされたのは平成20年（2008）のことでした。そして、このときの「戦神」こそ、日本陸軍の名将、根本博元陸軍中将なのです。

根本陸軍中将は、明治24年（1891）、二本松《にほんまつ》藩（福島県岩瀬郡仁井田村・現須賀川市）で生まれました。二本松藩は、織田信長から「米五郎左《こめごろうさ》」と呼ばれて信頼された猛将丹羽長秀の直系の丹羽氏が治め、徳川将軍家への絶対の忠義を最大至上とした藩です。あまり知られていませんが、戊辰《ぼしん》戦争において二本松藩は、最大の激戦と呼ばれる勇猛無比の戦いを行った藩でもあります。

根本博陸軍中将

そんな二本松に育った根本陸軍中将は、仙台陸軍地方幼年学校を出て、陸軍中央幼年学校にあがり、陸軍士官学校を23期で卒業し、陸軍大学34期生として陸軍に任官、以後ずっと陸軍畑を歩み続けました。

モンゴルで日本人居留民4万人の命を救う

そんな根本陸軍中将が、なぜ台湾の国境紛争にかかわったのでしょうか。そこには理由があります。

実は、終戦当時、根本陸軍中将は駐蒙軍司令官としてモンゴルにいたのです。昭和20年（1945）8月9日以降、ソ連軍があちこちで略奪や暴行強姦、殺戮《さつりく》を繰り広げている情報は、もちろん根本陸軍中将のもとにもたらされました。

そして8月15日、中将のもとにも武装解除せよとの命令が届けられました。

しかし、こちらが武装を解除したからといって、日本人居留民が無事に保護されるという確証は何もありません。

考え抜いたあげく、根本陸軍中将は、

「民間人を守るのが軍人の仕事である。その民間人保護の確たる見通しがない状態で武装解除には応じられない」

とし、

「理由の如何《いかん》を問わず、陣地に侵入するソ軍は断乎之《これ》を撃滅すべし。これに対する責任は一切司令官が負う」

と、命令を発しました。駐蒙軍の意識は、これによって一斉に高まりました。

8月19日、ソ連軍とチャイナ八路軍の混成軍が、蒙古の地へなだれ込んできました。彼らはソ連製T型戦車を先頭に押し出し、周囲を歩兵で固め、空爆を駆使し、数万の軍勢で一気に日本軍を踏みつぶそうとしました。激しい戦いは3日3晩続きました。

結果どうなったか。

ソ連軍が敗退し、蒙古侵攻から撤収しました。根本陸軍中将率いる駐蒙軍が戦いに勝利したのです。

さらにこの戦いに先だち、根本陸軍中将は日本人居留民4万人のために列車を手配し、日本人民間人を全員、天津《てんしん》にまで逃していきます。しかも各駅には、あらかじめ軍の倉庫から軍用食や衣類をトラックで運び、避難民たちが衣食に困ることがないように入念な手配までしていました。

当時、張家口《ちょうかこう》から脱出した25歳だった早坂さよ子さんの体験談が残っています（一部改変）。

〈張家口はソ連邦が近いのでソ連兵が迫ってくるという話に戦々恐々といたしました。五歳の女子と生後十ヶ月の乳飲み子を連れてとにかく、何とか日本に帰らねばと思いました。駅へ着きますと貨物用の無蓋車《むがいしゃ》が何両も連なって待っており、集まった居留民は皆それに乗り込みました。張家口から天津迄、普通でしたら列車で七時間位の距離だったと思いますが、それから三日間かかってやっと天津へ着くことが出来ました。

列車は「萬里の長城」にそって走るので、長城の上の要所々々に日本の兵隊さんがまだ警備に着いていて、皆で手を振りました。そして兵隊さん達よ、無事、日本に帰ってと祈りました〉

多くの日本人居留民の犠牲が重なったほかの戦域と比べ、なんとものどかな逃避行の手記です。それだけ根本軍団の手当が行き届いていたということです。

8月21日、ソ連軍を蹴散らした中蒙軍は、夜陰にまぎれ、戦地から撤収しました。列車は全部、民間人避難のために使っていたので、軍人さんたちは徒歩で退却しました。途中の食料は、最早所有者のいなくなった畑のトウモロコシを生で齧《かじ》ったそうです。

たとえどんなに苦労しても、たとえ装備が不十分であったとしても、助けるべき者を助ける。そのために命を懸けて戦い、自分たちは最後に帰投する。強い者ほど先頭に立って苦労をする。苦労することを厭《いと》わない。

これがかつての帝国陸軍軍人の姿であり、私たちの若き日の父や祖父の姿です。第2章で紹介した「阿修羅像」に込められた思いとも重なります。

北支で36万人の命を護る

モンゴルでの戦闘に勝利した根本陸軍中将は、軍装を解かずにそのまま北京に駐屯しました。そこで根本陸軍中将は、北支方面軍司令官兼駐蒙軍司令官に就任しています。このとき北支には、軍民合わせて36万人の日本人がいました。根本陸軍中将は、その全部の命を預かる身となったのです。

この頃チャイナでは、蔣介石《しょうかいせき》率いる国民党軍が幅《はば》を利かせ、あちこちで乱暴狼藉《らんぼうろうぜき》を働いていました。とりわけ日本人に対しては、あらゆる蛮行が加えられていました。

ところが北支方面では、根本陸軍中将率いる北支軍が断固として武装を解かない。日本軍と国民党軍の小競り合いや、ソ連の支援を得た八路軍との戦いは、各地で無数にありましたが、根本陸軍中将に率いられた日本の北支軍は、どの戦いでもチャイナ側を完膚なきまでに叩きのめしました。

すでに装備も不十分、弾薬も底をつき出しているはずなのです。それでも日本軍を破れない……。次第に根本陸軍中将の存在は、国民党軍や八路軍の中で「戦神《しゃんせん》」と呼ばれて恐れられるようになりました。どんなにチャイナの軍が頑張っても、根本陸軍中将の軍を破れません。日本人の根本将軍は「戦いの神」に違いない、人は神には勝てない、だから、そう呼ばれるようになったのです。

昭和20年（１９４５）12月18日、蔣介石は、自身で直接北京に乗り込み、根本陸軍中将に面談を申し込みました。断る理由はありません。

むしろ両者の争いを早急に終わらせ、国民党軍の協力を得て日本人居留民を無事、安全に日本に送り返すことの方が先決です。

はたして蔣介石は、

①根本陸軍中将率いる北支方面軍とは争わない

②日本人居留民の安全と、無事に日本へ帰国するための復員事業への積極的な協力をする

と約束してくれたのです。

チャイナでは、約束というのは相手に守らせるべきもので、自分が守る気はまったくない、というのが常識です。ですから根本陸軍中将は、蔣介石の協力に感謝し、

「東亜の平和のため、そして閣下のために、私でお役に立つことがあればいつでも馳せ参じます」

と約束しています。蔣介石側に約束を守らせるためには、こちらが強いというだけでなく、相手方へのメリットの提供が必要だったからです。

会見の結果、在留邦人の帰国事業は、誰一人犠牲者を出すことなく、約1年で完了しました。こうして北支36万の日本人は、全員無事に日本に復員することができたのです。

こうして全てを終えた根本陸軍中将は、昭和21年（1946）年7月、最後の船で日本に帰国しました。

釣りに行ってくるよ

それから3年経った昭和24年（1949）のことです。チャイナでは国共内戦が激化し、戦いは共産党軍の圧倒的勝利に終わろうとしていました。そんな折に、東京多摩郡の根本陸軍中将の自宅にひとりの台湾人青年が尋ねてきました。彼は李銈源《りしょうげん》と名乗り、台湾なまりの日本語で、

「閣下、私は傅作義《ふさくぎ》将軍の依頼によってまかり越しました」

と語りました。傳作義将軍は、根本陸軍中将が在留邦人や部下将兵の帰還の業務に当たっていた時に世話になった恩人です。

その頃、チャイナ本土を追われた蔣介石の国民党は台湾に逃れ、そこを国民党政権の拠点とし、福建省での共産党軍との戦いを繰り広げていました。八路軍との戦いでは、国民党側が敗退につぐ敗退をしていました。このままでは蔣介石自身も命が奪われ、台湾が共産党の支配下に落ちるのも目前という状勢でした。

「なんとか閣下のお力を貸していただきたい」

そういう李銓源の申し出に、根本陸軍中将は、いまこそ蔣介石が復員に力を貸してくれた恩義に報いるときだと思いました。

けれど、当時はＧＨＱが日本を統治していた時代です。旧陸軍士官に出歩く自由はありません。そもそもＭＰ（ミリタリー・ポリス）の監視付きです。しかも無一文。渡航費用もありません。

けれどある日、根本陸軍中将は、釣り竿を手にすると、普段着姿のまま家族に、

「釣りに行ってくるよ」

と言い残して家を出ました。そして、そのまま台湾に渡航するための工作活動に入りました。

ちなみに昔の帝国軍人というのは、仕事のことを一切家族に言わないのが常識です。軍事は機密事項であるし、軍は人と人との人間関係が極めて濃厚な場所です。あいつは気に入らない、などとついうっかり妻に話し、聞いた妻がたまたまその相手と会ったときにしかめ面でもしたら、ただでさえ濃厚な人と人とのつながりにヒビが入る。

昨今では「軍は命令で動くもの」とばかり思っている人が多いですが、それ以上に、みなが納得して動くという状態を築いていたのが帝国陸軍という組織だったのです。やらされて戦うのではないのです。感情面と理性面の両方で、戦いを納得していた。だからこそ帝国陸軍は強かったのです。

このことは日本人なら、誰でもすぐに納得できることだろうと思います。昨今のエリー

トさんは、人間関係を上下関係だけでしか見ようとせず、命令すれば下は動くと思っている人が多いようです。そういうものではないのです。みなが納得し、自分の意思で動くようになったときに、はじめて本当の強さが発揮できます。

台湾に渡る

さて、無一文で台湾行きを決意した根本陸軍中将は、まず戦前の第7代台湾総督だった明石元二郎の息子の明石元長《もとなが》に会いました。元長は台湾で育ち、戦後は日本にいて台湾からの留学生や青年を援助していました。

台湾に国民党がやってきて以降、彼ら国民党が、もとからいる台湾人（旧日本人）を何かと差別し、争いが耐えないことは元長も承知しています。しかし蔣介石率いる国民党が、毛沢東の共産党軍に負ければ、その時点で台湾は共産党政権に呑み込まれ、台湾の同胞たちはもっと悲惨な目に遭ってしまいます。現在のチベット、ウイグルの悲劇を見てもわかるように、そのまま台湾民衆の悲劇となるのです。

元長は、なんとかして軍事面で蔣介石を支援しなければならないと考えていました。そのためには、戦いの神様と呼ばれた根本陸軍中将を台湾に送り込むしかない。

けれど終戦直後のことです。元長も無一文でした。根本陸軍中将に声をかけたはいいけれど、中将を台湾まで渡航させるための費用がない。当時、金策に駆け回っていた元長の手帳には、

「金、一文もなし」

と書かれています。

元長は、資金提供者を求めて回り、ようやく小さな釣り船を手配しました。根本陸軍中将は、その釣り船に乗って、昭和24年（1949）年6月26日、延岡《のべおか》（宮崎県）の港から台湾に向かって出港しました。出港を見届けた元長は、東京の自宅に戻りました。そして、そのわずか4日後に亡くなっています。まだ42歳の若さでした。いまでいう過労死でした。どれだけ苦労したのか偲《しの》ばれます。

根本陸軍中将を乗せた釣り舟は、普通なら琉球諸島を点々と伝いながら台湾に向かうところ、ＧＨＱに見つからないようにと、延岡から海を最短距離で一直線に台湾を目指しました。ところが途中の海が、大しけとなりました。出港から４日目には、船が岩礁に乗り上げて、船底に大穴をあけてしまいました。

乗員全員で必死にバケツで海水を汲み出し、板を貼り付けて応急処置し、しみ出す海水を何度もバケツで汲み出しながら、台湾に向かいました。

そして出港から14日をかけて、ようやく台湾北端の港湾都市、基隆《キールン》に到着したときは、船はボロボロ、乗っていた根本陸軍中将以下全員は、まるで浮浪者のような姿になっていました。これでは怪しい奴と見られても不思議はありません。

一行は全員、その場で不審な密航者として逮捕されました。

この当時の中将の写真が残っています。平素どちらかというと下膨れで、どっしりとした体型の根本陸軍中将が、このときばかりは、頬がこけ、手足もガリガリに痩《や》せ細っています。

根本陸軍中将は牢獄の中で、通訳を介して、

「自分は国民党軍を助けにきた日本の軍人である」

と何度も主張しました。けれど看守たちは、

「何を寝ぼけたことを言っているのか」

と、まるで相手にしませんでした。まあ、身なりを見れば、当然の反応であったといえようかと思います。


それでも2週間もすると、「どうやら基隆に、台湾を助けにきた日本人がいるらしい」というウワサが広がりました。そのウワサを聞いたのが、国民党軍幹部の鈕先銘《にゅうせんめい》中将でした。

できる人物ほど行動が速い

鈕中将は、根本陸軍中将が北支方面軍司令官だった頃に交流があった人物です。この話を聞いたとき、鈕中将は反射的に椅子から立ち上がったそうです。根本陸軍中将の人格と

信念を知る鈕中将は、

「あの人なら台湾に来ることもあり得る」

と直感したのです。


できる人物ほど行動が早いものです。鈕中将はその場で車を基隆に走らせました。鈕中将が来ると知らされた看守らは、慌てて根本陸軍中将ら一行を風呂に入れ、食事をさせました。根本陸軍中将らは、急に看守たちの態度が変わったので、「いよいよ処刑か」と覚悟を決めたそうです。


現れた鈕中将は、根本陸軍中将の姿をひと目見るなり、

「根本先生！」

と駆け寄り、その手をしっかり握りました。それまで共産党軍にさんざん蹴散らされ、辛酸《しんさん》を舐《な》めてきたのです。鈕中将にとって〝戦神〟根本陸軍中将の出現が、どれほどありがたく、大きな存在であったことか。

根本陸軍中将らは鈕中将とともに、8月1日に台北に移動しました。そこで国民党軍の司令長官である湯恩伯《とうおんぱく》将軍の歓待を受けました。湯将軍は、日本の陸軍士官学校を出た親日派の将軍で、日本語も流暢です。2人は、すぐに打ち解けました。

さらに根本陸軍中将が台湾に来て、湯将軍と会っているというウワサは、蔣介石総統の耳にも入りました。蔣介石も行動の早い人です。その場ですぐに根本陸軍中将に会見を求めました。

根本陸軍中将が応接室に入ると、蔣介石は、

「好《ハオ》、好《ハオ》、好《ハオ》、老友人」

と固く手を握ったそうです。「老友人」というのは、古くからの信頼する友人という意味です。

しばらく話が弾んだ後で、蔣介石は真剣な顔で根本陸軍中将に切り出しました。

「近日中に、湯恩伯将軍が福建方面に行く。差し支えなければ湯と同行して福建方面の状

況を見てきてもらいたい」

快諾した根本陸軍中将に、蔣介石は感激し、

「ありがとう、ありがとう」

と繰り返したそうです。これは本心からのものでした。

実はこの会見の2カ月前に、国民党軍は上海を失っていたのです。上海防衛軍を指揮していたのは、湯将軍でした。そこへ共産党軍が殺到したのです。

上海を失ったことで、国共内戦の行方は誰の目にも明らかとなりました。5日前には米国務省も、

「チャイナは共産主義者の手中にある。国民党政府はすでに大衆の支持を失っている」

と、公式に国民党への軍事援助の打ち切りを発表していたのです。

上海を失った国民党軍にとって、チャイナ大陸での最後の足場が福建でした。それも、海岸沿いにある商都、厦門《アモイ》界隈だけが、国民党軍が守る唯一のチャイナ大陸での足がかりとなっていました。

つまり、ここを失えば国民党軍は完全にチャイナ本土の支配権を失い、一方で共産党軍が、一気に台湾まで攻め込んでくる。そうなれば、もはや蔣介石の命もない……という追いつめられた状況にあったのです。

福建行きを承諾した根本陸軍中将を、湯将軍は「顧問閣下」と呼び、食事の際には一番の上席に座らせました。いくら根本陸軍中将が恐縮して辞退しても、湯将軍はそれを許さなかったといいます。戦《いくさ》を知る湯将軍は、それだけ根本陸軍中将の実力を理解していたのです。

廈門と金門島

昭和24年（1949）8月18日、根本陸軍中将ら一行は、福建に向けて出発しました。根本陸軍中将は、国府軍の軍服を与えられ、名前は蔣介石から贈られたチャイナ名の「林保源」を名乗りました。廈門《アモイ》に到着した根本陸軍中将は、同地の地形などを調べ、即座に「この地は守れない」と判断しました。

商都、厦門は、厦門湾の中にある島です。北、西、南の三方を大陸に面し、狭いところではわずか2キロしか離れていない。三方から攻撃を受ければ、厦門はあっという間に陥落してしまいます。

さらに厦門は商業都市です。20万人もの住民が住んでいます。そんな場所で戦えば、当然、民間人に犠牲者が出る。さらに戦闘になれば、軍隊だけでなく、民間人の食料も確保しなければなりません。つまり、20万食が余計にかかるのです。それだけの食糧の供給は不可能です。つまり厦門では、持久戦ができないのです。

一方、厦門のすぐ対岸にある「金門島」は厦門湾の外側に位置します。海峡の流れが速く、これを乗り越えるためには、速度の速い船を使ってもスピードは出ません。つまり上陸に時間がかかる。しかも島の人口はわずか4万人です。島民たちは漁業や、さつまいもの栽培で生計を立てています。島では、食料自給が可能です。つまり大陸との通行を遮断されたとしても、金門島を拠点にすれば長期間戦い抜けるのです。

その日の夜、根本陸軍中将は、湯将軍に自分の考えを話しました。そして「共産党軍を迎え討つのは、金門島をおいてほかにありません」と断言しました。

しかし湯将軍は押し黙ってしまいました。すでに上海を失っているのです。厦門を放棄すれば、共産党軍は厦門を落としたと喧伝《けんでん》するだろう。そうなれば湯将軍は再び敗軍の将となり、ひいては蔣介石の信頼をも失うことになるかもしれない。

けれど根本陸軍中将は言いました。

「いまは台湾を守ることが、国民党政府を守ることです。そのためには戦略的に金門島を死守することが力となります。自分の名誉ではなく、台湾を守る道筋をつけることが、軍人としての務めではありませんか？」

この言葉に湯将軍は決断します。

「厦門は放棄。金門島を死守する！」

基本方針が固まると、さらに根本陸軍中将は作戦を深化させました。共産党軍は海軍を持っていません。彼らが海峡を渡るためには、近辺の漁村からジャンク船と呼ばれる小型の木造帆船をかき集めることになるだろう。

ジャンク船なら、海で迎え討つこともできるが、それでは敵の損害は少なく、勢いに乗った共産党軍を押しとどめることはできない。ならば敵の大兵力をまず上陸させ、その上で一気に殲滅《せんめつ》し、国民党軍の圧倒的強さを見せつけるしかない……。

根本陸軍中将は大東亜戦争時に日本陸軍が得意とした塹壕《ざんごう》戦法を再び採用します。海岸や岩陰に穴を掘り、敵を上陸させ、陸上に誘い込んで殲滅する。これは硫黄島や沖縄で、圧倒的な火力の米軍に対して大打撃を与えた戦法です。

根本陸軍中将は、共産党軍の上陸地を想定し、塹壕陣地の構築や敵船を焼き払うための油の保管場所、保管方法など、日夜島内を巡りながら、細かなところまで指示を与えて回りました。

10月1日、毛沢東による中華人民共和国の成立宣言が発せられると、勢いに乗った共産党軍は厦門さえも捨て、金門島にたて篭《こも》る国民党軍に、

「こんな小島をとるには何の造作もない。大兵力を送り込んで残党をひねり潰すだけのことだ」

と豪語しました。

10月半ばには金門島の対岸にある港でジャンク船の徴発が始まりました。船がまとまった10月24日の夜です。いよいよ金門島への上陸作戦が始まりました。この日、金門島の海岸は、上陸した共産党軍2万の兵士であふれかえりました。

彼らが上陸する間、島からは一発の砲撃も銃撃もありませんでした。共産党軍は悠々と全員が島に上陸しました。そして露営陣地の構築に取りかかりました。

そのとき……。

突然彼らが乗船してきた海上のジャンク船から火の手があがりました。

火の手はあっという間に広がりました。油を注がれた木造の小船は、次々と燃え上がり

ました。

つまり、共産党軍は、完全に退路を絶たれたのです。

そして夜が明けました。あたりが明るくなりかけた頃、突然島の中から砲撃音が鳴り響きました。

そしていままで何もないと思っていたところから、突然、国民党軍の戦車21両が現れ、37ミリ砲を撃ちまくりながら、海岸にひとかたまりになっている2万の共産党軍に襲いかかったのです。

逃げる船はすでにありません。共産党軍は、国民党軍の戦車隊が出てきた方角とは反対側、つまり金門島の西北端にある古寧頭《こねいとう》村に向かって逃げ落ちるほかありません。

これまでずっと敗北を続けてきた国民党軍です。ほとんど初めてと言ってもいいこの快勝に、兵士たちは血気にはやりました。そして、そのまま一気に古寧頭村に追い打ちをかけようとしました。

ところが根本陸軍中将は、これに待ったをかけました。

「このままでは巻き添えで、一般の村民に被害が出る。村人たちが大勢殺されたら、今後、金門島を国民党軍の本拠として抵抗を続けていくことが難しくなる」

そして、古寧頭村の北方海岸にいる戦車隊を後退させると、南側から猛攻をかけさせました。そのうえで、敵に逃げ道をつくって北方海岸方面に後退させ、そこを砲艇による海上からの砲撃と、戦車隊による挟み撃ちで、敵を包囲殲滅するという作戦を湯将軍に提示しました。

湯将軍は、根本陸軍中将のあまりの作戦の見事さに感銘を受け、これをそのまま採用しました。

圧倒的完全勝利

10月26日午後3時、根本陸軍中将の作戦に基づく南側からの猛攻が始まりました。敵は予想通り村を捨て、北側の海岸に向かって後退しました。そこにはあらかじめ、砲艇が待機していました。

砲艇が火を吹く。

反対側から戦車隊が迫る……共産党軍に逃げ場はありません。砂浜は阿鼻叫喚《あびきょうかん》の地獄と化し、午後10時、共産党軍の生存者は武器を捨てて全員降伏しました。

この戦闘で共産党軍の死者は1万4000人、捕虜6000人となりました。国民党軍は、怪我人を含めて3000余名の損傷でした。戦いは、あまりにも一方的な国民党軍側の大勝利に終わったのです。

わずか二昼夜の戦いで、共産党軍の主力が壊滅したというウワサは、あっという間に広がりました。これまで敗退続きだった国民党軍がいきなり金門島で大勝利したのは、「戦神」と呼ばれる日本人の戦闘顧問がついたからだとも……。

日本陸軍の強さは、当時の世界の常識です。その日本の戦神が、国民党軍の背後についいた。それは共産党軍からしたら死神以上に恐ろしいことです。しかも間の悪いことに、このときの共産党軍は、中華人民共和国の建国宣言をしたばかりでした。国民党軍に対して圧倒的勝利が連続していたから、気を良くして建国宣言したのです。ところが、その基盤が固まらないうちに、国民党軍に完膚なきまでに叩きのめされたとなれば、共産党の威厳を損ねることになります。

そして、こういうときの共産党のやり方は、毎度同じです。「すべてなかったことにする」です。

こうして共産党軍の進撃は完全に止まり、金門島は70余年を経た今日《こんにち》も、台湾領のままです。

10月30日、湯将軍ら一行は、台北に凱旋しました。湯将軍一行を迎えた蔣介石は、このとき根本陸軍中将の手を握って「ありがとう」とくり返したそうです。けれど根本陸軍中将は、

「北支撤退の際、蔣介石総統には大変な恩を受けました。自分はそのご恩をお返ししただ

けです」

と静かに語りました。

釣り竿1本を手に

結局、根本陸軍中将は、この功績に対する報償を一銭も受け取らず、また、日本で周囲の人たちに迷惑がかかってはいけないからと、金門島での戦いに際しての根本陸軍中将の存在と活躍については、公式記録からは全て削除してくれるようにとくれぐれも頼み、台湾を後にしました。

ただ、行きのときの漁船での船酔いがよほどこたえたのか、はたまた蔣介石のお礼の気持ちからか、帰りは飛行機で帰国しています。

羽田に着いたとき、タラップを降りる根本陸軍中将の手には、家を出るときに持っていた釣り竿が1本、出たときのままの状態で握られていました。それはあたかも、

「ただちょいとばかり釣りに行っていただけだよ」

と言わんばかりの姿でした。

中将は家を出るとき、家族に「釣りに行ってくる」と言って出ました。そのときの釣り竿をずっと持っていたのです。どんなに激しい戦地にあっても、途中にどんな困難があっても、そして何年経っても、決して家族のことを忘れない。それは根本陸軍中将の、父として、夫としての家族へのやさしさだったのかもしれません。

奥さんや娘さんも偉いです。ただ出ていったときと同じ姿で、まるで出かけたその日の夕方にでも帰ってきたかのように釣り竿を手に帰宅した夫に、ただいつもと同じように「おかえりなさい」と言って、夕餉《ゆうげ》を用意し、そのまま夫が死ぬまで、「あなた、どこに行っていたんですか」と問うこともしませんでした。

「軍人の妻とは、そういうものと心得ていたから」と言ってしまえばそれまでかもしれませんが、釣り竿を持って出ていったその日から、夫は突然、行方不明になったわけです。奥さんはその間、子を抱えて、終戦直後という食料も衣類もない過酷な時代を、ひとりで乗り越えるしかなかった。さぞかし大変なご苦労があったものと思います。

けれど3年経って夫が、つい今朝出ていって、まるでその日の夕方帰宅したかのように帰ってきたのです。その日も、それからのまる40年の歳月も、奥さんは夫が死ぬまで、一度も夫に、「あのときどこに行っていたのか、何をしていたのか」と尋ねることをしなかったし、いない間の苦労を夫に咎《とが》めだてすることも一切なかったといいます。

日本では古来、男女は対等です。どちらが上ということはありませんし、支配と被支配の関係でもありませんし、隷属の関係でも、依存関係でもありません。対等ということは、男女がともに精神的に「自立」しているときにはじめて成り立つものです。そして咎めだてしなかったということは、そこに絶対的な夫婦の信頼があったということです。

また娘さんも同様に、父をまったく咎めることをしなかったそうです。つまり親子の間にも、自立と本物の「信頼」という強い絆があったのです。すごいことだと思います。

いつの日か、根本博陸軍中将ご夫妻の映画ができたらいいなと思います。そしてそのような映画が、上映中止に追い込まれることなく、多くの日本人の賛同を得ることができる、そのような日本にしていくことこそ、いまを生きる私たちの使命なのではないでしょうか。

4「特高警察」――本当に悪の組織だったのか

ある書の序文をご紹介します。ちょっとお堅い文章ですが、短いので是非ご一読なさってみてください。

〈国家の進運は、畢竟《ひっきょう》その国家本然《ほんねん》の独創的改革によってはじめて成就《じょうじゅ》し得《う》るものであって、決して模倣《もほう》によって招来《しょうらい》し得るものでない。

日本には本来、建国の昔から貴き伝統があり、有難き国風がある。ロシアの真似も、英国の真似も、アメリカの真似も、すべてそれらは、この国風を長養《ちょうよう》する意味において摂取《せっしゅ》する場合においてのみ意義を発揮し得るのであって、単に模倣のための模倣は決して日本のためにならぬのである。

その昔、儒教仏教もこれが国風化したときに、はじめてそれは日本国家のものとなり得た事実に鑑《かんが》み、欧米舶来の新思想もまた、これを国風化して日本開展《かいてん》の一資料たらしむる

覚悟がなければならぬのである〉

この文は、かつて特高《とっこう》と呼ばれた、特別高等警察官の職務手帳『特高必携』の冒頭序文にあるものです。正式名称は「特別高等警察《とくべつこうとうけいさつ》」といって、一般の警察機構が都道府県単位に独立した警察組織になっているのに対し、特高は内務省の直接指揮下にあり、全国規模で思想の取締を行いました。

特高警察が設置されたのは、大正12年(1923)です。なぜそういう機関が置かれたのかは、時代を考えると答えがすぐに見つかります。その前年の大正11年(1922)に、日本共産党が結成されたのです。

大正6年(1917)に始まる共産主義のロシア革命では、ニコライ2世など、ロマノフ王朝の王族がことごとく虐殺されました。

大正9年(1920)には、ロシアのニコライエフスクで尼港《にこう》事件が起きました。ソ連の共産主義者たちによって約700人の日本人居留民が、見るもおぞましい姿で全員虐殺されるという大変ショッキングな事件でした。

大正11年（１９２２）には、ソ連が世界の共産化を目指してコミンテルン組織をつくり、世界から君主を廃絶することを目標として掲げました。これは我が国でいえば、天皇の廃絶です。しかもそのためには、どれだけの人の命を奪っても、それは革命のためだからということで正当化されるというのです。むしろ、このような偏向した殺人思想を持つ者や団体は、取り締まらない方が、国としてどうかしています。

ですから世界中で、共産主義者に対する逮捕や投獄が盛んに行われるようになりました。日本でも、日本共産党という極左暴力集団が結成されたのです。これを取り締まるための機関が日本にできるのは当然です。

大正14年（１９２５）には、先般お話した「治安維持法」が制定され、特高警察の取締に法的根拠が明示されました。さらに昭和初期には、日本国内の戦時挙国一致体制保持のために、これを否定する反戦運動家や、似非《えせ》宗教などの反政府的団体も取締の対象となりました。

戦後、特高によって逮捕投獄された人たちが、GHQの解放によって牢獄からゾロゾロと出てきました。彼らが口を揃えて言ったのは、

「自分は、国家権力によるいかなる弾圧にもめげずに信念を貫き通した」

というものでした。

そうであれば、彼らがヒーローとなるためには、特高による取り調べは、厳しいものであればあるほど、彼らにとって都合がよくなります。ですから特高の取り調べは、脚色され、増幅され、まさに特高による尋問は、暴力そのものによる極めて厳しいものであるかのように喧伝《けんでん》されました。

しかし、特高の取り調べは、本当にそのように苛酷なものだったのでしょうか。

特高警察は本当に恐ろしい機関だったのか

先述した『特高必携』は昭和7年(1932)に出ました。特高警察官の心得や、各種反

社会的団体について、その概要を記した本なのですが、その本の序文には、冒頭でご紹介した文に続けて、次のように書かれています。

〈特高警察官は、彼等に対してよき薫陶《くんとう》を与え、よき反省のための伴侶であり、師であり、友であることによって、職務の実を挙げ得るよう心掛けるべきである。それは独りその人々の幸福たるのみならず、国家のための至福たるべきものである〉

もし本当に、特高が、殺人鬼集団のようなものであったのなら、特高に逮捕された人たちは、そもそも出所できていません。

中共やソ連によって、政治犯として逮捕された人たちは、誰も出てこられません。なぜなら、裁判もなく、皆殺しにされているからです。

そういう平気で皆殺しをするような思想を持つ者を、特高の警察官は逮捕したのです。そこで何が行われたかといえば、捜査官たちが、逮捕した政治犯たちと真面目に向き合い、彼らの話も一生懸命に聞きながら、彼らに対して、その心得違いを諭《さと》し、ときに涙を流しながら、彼らに日本の国風にあった改革を考えるよう、懸命に説得を重ねていたのです。

もちろん殴ることもありました。それがいい、悪いかの議論はさておいて、我が国の特高では、取り調べ中の死亡者は、作家の小林多喜二《たきじ》1名しか実例がありません。その小林にしても、暴力がもとで死んだわけではない。病気になり、特高で懸命の治療をしましたが、結果、死んだというのが実際のところです。

考えてみてください。これが諸外国の政治犯収容所なら、数千、数万人規模で死者が出ています。特高警察官が、どれだけ「やさしかったか」ということは、戦後に逮捕された政治犯たちが、全員、五体満足、健康そのもので出所してきた事実が明確に示しています。

戦後、GHQによって特高警察は解散させられました。

そしてその一方で、元政治犯たちによって、特高は恐怖の国家権力集団としての印象操作がなされました。

かつて、その特高警察官として、涙を流して説得にあたっていた真面目で正義感の強い警察官たちの思いは、いかばかりだったことでしょう。

ユートピア思想＋ダーウィン思想＝「共産主義」

さて、ここで共産主義がはびこる土壌について触れておきたいと思います。かつて世界を共産主義にしようと目論み、結果として崩壊した旧ソ連には、もともとロシア正教があり、そのロシア正教には、有名な「ユートピア思想」があります。

ユートピアというのは、ロシア正教が太古の昔に「あった」とする貧富の差のない理想郷です。人類は社会の発展にともなって貧富の差や格差を生んだけれども、未来には人類発展の理想型として神によってユートピアが人々に与えられるとしています。これは日本でいうなら、さしずめ極楽浄土です。ただし、極楽浄土が死後の世界であるのに対し、ユートピアは人類の未来社会であるという点が異なります。

ところが、もともとが宗教的理想郷ですから、そのユートピアなる社会が、どのような刑事、民事、商事などに関する社会構造があるのかといった具体像はありません。極楽浄土の社会構造や、立法、司法、行政の仕組みに具体的解説がないのと同じです。あろうがなかろうが、「ある」と信じるのが信仰です。

これだけなら共産主義はただの宗教的理想論に終わったはずですが、現実の貧富の差のある中で、このユートピア思想に当時流行したダーウィンの進化論が加わりました。進化論では、すべての生物は進化するものであり、進化に乗り遅れたものは淘汰《とうた》されると説かれますから、両者がくっつくことで、「ユートピアに向かうことが人類の進化型」だとされたわけです。

そしてこれを阻害する者は、たとえ相手が君主や貴族、雇い主、はたまた同じ共産主義者であっても、淘汰されるべき存在であり、殺戮しなければならない、としたわけです。

この思想が、誰にとって都合がいいかと言えば、強盗や殺人鬼、権力主義者たちです。なにしろ強盗傷害殺人が「進歩」の名のもとに正当化されるのです。おかげで共産主義によって殺害された人の数は、共産主義誕生以来おそらく10億人を下りません。

振り返ってみれば、実にとんでもない話なのですが、当時のロシアの人々は、共産主義のユートピア思想にコロっと騙《だま》されてしまいました。もともと、それを希求する歴史、文化がロシア内部にあったからです。

ただし、そうした土壌があってもなお、ロシアの共産主義者たちが、ロシア国内で共産主義国を実現するためには、人類史上、そしてロシア史上、かつて類例のないほどの異常な殺人を重ねなければならなかったのです。

チャイナの共産化が進むワケ

このことは、現在進行系で共産主義政権となっているチャイナも似ています。チャイナには、伝説の時代とされる「三皇五帝《さんこうごてい》」の時代があります。

三皇とは、伏羲《ふくぎ》・神農《しんのう》・女媧《じょか》という神です。

伏羲＝伝説の帝王で文字を定め、八卦《はっけ》を整え、道具類を発明し、婚姻の制度を定めた帝
神農＝農具をつくり農耕を人々に教えた帝
女媧＝伏羲の妻で、泥をこねて人類を創造した女神

五帝は聖人で、黄帝《こうてい》・顓頊《せんぎょく》・嚳《こく》・堯《ぎょう》・舜《しゅん》という皇帝です。

黄帝＝中国を統治した五帝の最初の帝
顓頊＝黄帝の孫で人、天へ通ずる道を閉ざさせ、神と人との別を設けさせた帝
嚳＝黄帝の曾孫で生まれながらに言葉を話すことができた
堯＝嚳の子で、仁は天のごとく、知は神のごとくと讃《たた》えられた帝。当時は太陽が10個あり、弓の名手の羿《げい》に命じて9個の太陽を打ち落とさせた。この時、太陽の中にいたのが三本足の烏（八咫烏《やたがらす》）とされる。
舜＝顓頊の7代子孫で、禹《う》を採用して洪水を治めた

この三皇五帝の時代が、チャイニーズたちにとっての理想世界であり、扶桑国《ふそうこく》や蓬莱山《ほうらいさん》

に匹敵するチャイナにおける最高の理想社会とされてきました。もっとも8世紀に書かれた『契丹古伝《きったん》』によると、この三皇五帝は「いずれも倭種なり」ということで、日本人だったと書かれていますが……。

ともあれ、チャイナでは伝説の時代に、人が人を殺すことのない理想社会が営まれたとする記録があるわけで、これがチャイナの多くの文化人を共産主義に傾斜させた一因とすれば、チャイナの共産化は旧ソ連のユートピアと、かなり似ていたということができます。

下心は金儲け

かつては北朝鮮が人類の理想国家として、北朝鮮への移民が奨励された時代もありました。日本は世界最悪のひどい国であり、北朝鮮には、人類が理想とすべき素晴らしい楽園が建設されているから、こんな日本は捨てて北朝鮮に移り住もうというわけです。けれど、現実の北朝鮮がどういうものであったか、いまでは誰でも知っています。ただ、このとき、移民を斡旋《あっせん》した連中は大儲けしました。

要するに、思想であれ品物であれ、日本はなんでもかんでも舶来品をありがたがる傾向が強いですが、なんらかの下心や邪心のもたらす悪徳商法や、利権集団の悪事の宣伝によるダマシでしかない。本当に我が国民のためを思うのならば、北朝鮮を理想郷としてそこに単に逃げ出すのではなく、その「よくない」と思う日本を、いかにして住み良い国にしていくか、そのために世界中のさまざまな習俗や思想を学び、それをいかにして日本の国風に調和させていくか、そういうことを真面目に考え実行するしかないのです。

そのためには、まずは日本という国の持つ歴史、文化、伝統、国風をしっかりと学び、その上で、海外の文物を学び、取捨選択して日本に根付かせる。それにはもちろん、膨大な時間がかかるし、損な役回りだし、途中で何度も失敗もあるかもしれない。けれど、本当にそれがいいものだと思うならば、何度でもあきらめずに、謙虚に学び行動していく。その覚悟が大事だと、『特高必携』の冒頭では書かれているわけです。

これからの日本人は、より良い、本当に日本人が日本人として、豊かに生きられる社会について、自分たちの頭で考えるべきです。

夏目漱石の『草枕』です（一部改行を変更）。

〈山路《やまみち》を登りながら、こう考えた。
智《ち》に働けば角《かど》が立つ。
情《じょう》に棹《さお》させば流される。
意地を通せば窮屈《きゅうくつ》だ。
とかくに人の世は住みにくい。

住みにくさが高《こう》じると、安い所へ引き越したくなる。
どこへ越しても住みにくいと悟《さと》った時、詩が生れて、画《え》が出来る。

人の世を作ったものは神でもなければ鬼でもない。
やはり向う三軒両隣《りょうどな》りにちらちらするただの人である。
ただの人が作った人の世が住みにくいからとて、越す国はあるまい。

あれば人でなしの国へ行くばかりだ。
人でなしの国は人の世よりもなお住みにくかろう。
越す事のならぬ世が住みにくければ、住みにくい所をどれほどか寛容《くつろげ》て、
束《つか》の間《ま》の命を、束の間でも住みよくせねばならぬ〉

5 「日本国憲法」——誤った訳が今も悪影響を及ぼしている

法というものは、改正や廃止がされなければ、いつまでも有効です。

実は英国には16世紀につくられた「ケルト人が夜、町を歩いているのを見かけたら、弓で射殺して構わない」という法律があります。廃止されていませんから、この法律は、実はいまでも有効です。もちろん昨今では、そんな法律はもちろん運用されていません。

けれど運用されていなくても、廃止になっていなければ有効ということは、日本で言えば、十七条憲法も、武家諸法度も、大日本帝国憲法も廃止はされていませんから、これまたいまでも有効である、ということを意味します。もちろん武家諸法度の場合は、明治以降には武士はいませんから、いまでは適用のしようがないのですが、十七条憲法や大日本帝国憲法は、いまでも有効ということになります。

ただ、執行はされていない。これを「法の死文化」と言います。

日本国憲法の条文上の問題点

さて、現行憲法である日本国憲法については、さまざまな問題点が指摘されています。終戦後に日本を占領統治する目的でつくられた規定ですから、すでに現代社会のさまざまな課題に対応しきれていないとも言われています。内容自体が矛盾を生じさせているものもあります。

特に重要な問題として、安全保障に関する憲法第9条の規定が挙げられます。第9条では戦争の放棄と戦力の不保持が定められていますが、実際には日本には自衛隊が存在しており、事実上の戦力を保持しています。そのため、憲法の文言と現実との間に乖離《かいり》が生じており、近年の安全保障政策の変更も、憲法改正ではなく解釈変更によって行われているため、法的な安定性が損《そこ》なわれる要因となっています。

また、日本国憲法の改正は第96条によって厳しく制限されています。国会の各議院で3

分の2以上の賛成を得たうえで、国民投票で過半数の支持を得る必要があると定められていますが、その国民投票の定義も明らかにされていません。このため、世界的に見ても日本国憲法の改正は、極めて高いハードルになっています。その結果、憲法が制定された戦後の状況とは異なる現代においても、時代の変化に合わせた改正がなされず、国の統治機構や安全保障政策に影響を与えています。

さらに、日本国憲法における「国」や「国民」という概念も曖昧《あいまい》です。例えば、憲法第1条では「国民の総意に基づく」と記されていますが、「国民の総意」とは具体的に何を指すのかが明確ではありません。また「国」という言葉が政府を指すのか、領土を含むのか、あるいは国民全体を意味するのかが定義されておらず、解釈によって異なる意味を持ち得るため、憲法の運用において問題が生じる可能性があります。

また、日本国憲法には緊急事態条項が存在しません。多くの国では、戦争や災害などの非常事態において政府に特別な権限を認める制度が憲法に明記されていますが、日本の場合、そのような規定がないため、大規模災害や国際的な緊張の高まりに際して、迅速な対応が困難になっています。実際に、東日本大震災や新型コロナウイルスの対応において、政府の権限が不十分であることが指摘されました。

天皇の地位に関しても、憲法では「象徴」と規定されていますが、その「象徴」とは何を意味するのかが明確に示されていません。天皇の役割は国事行為に限定されており、すべて内閣の助言と承認を必要とするとされていますが、あまりに形式的で、その意味や意義が不明です。皇位継承についての規定は皇室典範に委ねられていますが、憲法上の明確な定義がないため、女性天皇や女系天皇の是非について、議論が生じるたびに大きな混乱を招いています。

基本的人権の制約に関しても問題があります。憲法第12条・第13条では「公共の福祉」によって人権が制限されると規定されていますが、その「公共の福祉」の範囲が明確になっていません。ということは政府の判断によって人権が勝手気ままに制限される可能性もあるのです。

また、日本国憲法は間接民主制を採用しているといいますが、国民投票制度が憲法改正以外に存在しないため、国民の意思が直接反映される仕組みが十分に整備されているとは言えません。

家族制度の規定についても課題があります。憲法第24条では「個人の尊厳と両性の本質的平等」が強調されていて、これは戦前の家制度の復活を防ぐ意図とされていますが、家族が社会の基本単位として果たす役割を軽視した規定となっています。また関連して、教育における国家の責任が明確に規定されていないため、戦後日本では、道徳教育が軽視され続けている現状にあります。

日本国憲法の成立上の問題点

さらに日本国憲法の成立過程の問題もあります。現在の日本国憲法は、日本が独立した日本国ではなく、GHQ（連合国軍総司令部）によって占領統治されていた期間中に、GHQから与えられた規定です。昭和21年（1946）2月、GHQが「マッカーサー草案」として、英文の日本国憲法である「The Constitution of Japan」を提示し、これを日本語訳して制定されたのが現行憲法です。

当時の日本は「占領統治」されていましたから、この占領統治期間中の日本からの輸出品は「Made in Japan（日本製）」ではありません。「Made in Occupied Japan（占領された日本製）」です。また日本の呼称も「Japan（日本）」ではありません。「Occupied Japan（占領統治領日本）」です。

さらにいうと国旗も、日の丸ではありません。赤・青・白の三色旗でした。国旗というのは貨物船が外国の港に入ろうとするとき、船籍（国籍）を示すために掲げる商船旗という側面があります（これをしないと撃沈されても文句を言えない）。その商船旗に日の丸を用いることは禁じられていたのです。要するに占領統治下の日本に、主権は存在せず、独自の政治的意思決定権もありません。

そのような状況下で与えられたのが「The Constitution of Japan」ですが、この中にある「Constitution」という用語は、もともとフランス革命当時のパリ市民たちの手でつくられた造語です。

Con《共に》、stitute《立てた》、ion《こと》で、意訳すると「共同体のための基本規定」という意味になります。あくまで共同体のための基本規定ですから、共同体の形が変われば、当然、内容も変更になります。その意味では、ＧＨＱが日本を占領統治するにあたり、日本人の服務規定として「Constitution」を与えるのは、きわめて自然な行為ということもできるのです。

けれど（繰り返しになりますが）、それはあくまで「占領統治領日本という共同体のための基本規定」ですから、日本が主権を回復して独立したら、当然、廃止、改定、失効という扱いになってしかるべきものでもあったのです。

憲法というものは、本来、国民の意思（総意）によって自主的に制定されるべきものです。けれど「占領統治下日本における日本人服務規定」としての「日本国憲法」は、その成立過程からして、国民の意思が十分に反映されたとは言えないのです。

また西洋における「Constitution」を、そもそも明治時代に「憲法」と訳したこと自体を疑問視する声もあります。

もともと日本は、西暦604年に発布された聖徳太子の十七条憲法を、一言一句改正することなく1400年間も守り抜いてきたという特質があります。従って多くの日本人は「憲法」と聞くと、それは「万古不易《ばんこふえき》の正しいもの」というイメージがこびりついています。そのため、変えなければならないのだということをいくら説明しても、なかなかどうして、議論が堂々巡りしてしまう傾向があります。

ですから幕末の翻訳家たちは「Constitution」を「憲法」とは訳さず、「律法」と訳しました。ところが明治時代に元熊本藩士の林正明《はやしまさあき》が「合衆国constitution」の訳本を、元津山藩士の箕作麟祥《みつくりあきよし》が「フランスconstitution」の訳本を出すに際して、これを「憲法」と訳してしまったのです。おそらくこれが、すべての誤解の始まりであろうと思います。

日本国憲法が改正も廃止もされない理由

では、そのような問題だらけの日本国憲法が、どうしていまだに改正も廃止もされずにいるのでしょうか。

その理由は、いくつかの要因が複雑に絡み合っていますが、わかりやすく理由を大きく三つに分けると、「制度的な問題」「政治的な要因」「国民意識の問題」となります。

(1) 制度的な問題（憲法改正のハードルが高い）

先述しましたが、日本国憲法は、世界でも最も改正が難しい憲法の一つとされています。その最大の要因は、憲法第96条の厳しい改正要件にあります。

憲法第96条には、「衆議院・参議院の各議院で3分の2以上の賛成が必要」「その後、国民投票で過半数の賛成が必要」と規定されています。この要件は他国の憲法改正と比較しても非常に厳しく、現実に改正を実現するのが難しくなっています。

例えば、アメリカの合衆国憲法では、改正には議会の3分の2の賛成と州議会の4分の3の承認が必要ですが、過去に何度も改正されています。一方、日本国憲法は昭和22年（1947）の施行以来、一度も改正されたことがありません。

また、現在の国会では、憲法改正に賛成する勢力が衆参両院で3分の2以上を確保することが難しく、野党の反対や慎重論が強いため、改正の発議自体が困難な状況にあります。

（2）政治的な要因（政党間の対立と政治的コストの高さ）

①憲法改正をめぐる政党間の対立

日本の政党は、憲法改正について大きく二つの立場に分かれています。

㈠ 改憲派（自民党、日本維新の会、国民民主党など）

・憲法を時代に合わせて改正すべきと主張。

・特に憲法第9条の改正（自衛隊の明記）、緊急事態条項の追加などを求める。

㈡ 護憲派（立憲民主党、日本共産党、社民党など）

・現行憲法は戦後日本の平和を維持してきたため、改正すべきではないと主張。

・憲法第9条の改正に特に強く反対。

この二つの対立構造によって、与党が憲法改正を推進しようとしても、野党が強く反対し、国会審議が進みません。

②憲法改正に伴う政治的コストの高さ

憲法改正を推進すると、国会議論が長期化し、国民投票を実施する必要が出てきます。そのため、政治的エネルギーが大量に消費され、ほかの政策議論が後回しになるという問題もあります。

特に憲法改正をめぐる議論は国論を二分する可能性が高く、政治的な対立を生みやすいことから、政権を安定させることで、政府予算案など、早期可決の必要な法案を先に通さなければならない政府与党にとっては、憲法論議はいきおい慎重にならざるを得ないという事情があります。

（3）国民意識の問題（憲法改正への関心の低さと護憲意識の強さ）

①国民の関心の低さ

憲法改正は長年議論されてきたものの、国民の関心は必ずしも高くありません。

世論調査によると、憲法改正に「賛成」とする意見は一定数ありますが、それが具体的な政治的運動につながることはほとんどありません。経済問題や社会保障など、日常生活に直結する問題の方が優先度が高いため、憲法改正は国民の強い関心事にはなりにくいのです。

また、憲法改正に向けた国民投票を実施しようとしても、それが人口の過半数なのか、有権者の過半数なのか、投票者数の過半数なのかの規定もありません。ということは、どのような改正内容であっても賛成多数を得ることが難しいのです。これが現実です。しかも憲法改正の具体的な内容が国民に十分に理解されないまま進められれば、漠然とした不安から反対する人が増える可能性さえもあります。

②戦後の平和意識と護憲の風潮

日本は戦後、一貫して平和国家としての歩みを続けてきました。そのため、「憲法を変えること＝戦争につながる」という懸念が根強くあります。特に憲法第9条については、「この規定があったからこそ日本は戦争をせずに済んだ」という意識を持つ人が多いのも現実です。

また、戦後教育において、日本国憲法の理念（平和主義・基本的人権の尊重・国民主権）ばかりが強調されてきたため、改正に対する心理的なハードルが高くなっていると指摘する声もあります。

新憲法制定の大きなハードル

仮に日本国憲法を廃止して新しい憲法を制定しようとしても、そこには大きなハードルがあります。新憲法を制定するためには、現在の憲法を一度改正するか、現行憲法とは異なる手続きを用意しなければならないとされているからです。

ところが、日本国憲法には「憲法の廃止」に関する条文が存在しません。改正手続きによらずに新憲法を制定する方法の規定もありません。つまり法律的なプロセスが確立されていないのです。結果、憲法の全面的な廃止は極めて難しいという状況もあります。

また、新憲法を制定する場合、どのような内容にするかについて国民的な合意を形成することも非常に困難といわれています。特に、天皇、基本的人権、軍事・安全保障などについては、強硬な意見を持つ人があり、意見が大きく分かれることがあります。さらに新憲法の草案を作成するだけでも長期間の議論が必要になります。このため新憲法の制定が進む可能性は、現実的に「とても低い」というのが現状です。

ところが、ここにもうひとつの方法があります。それが、

「憲法の執行を停止する」

というものです。

憲法に限らず、法の廃止や改正には、それぞれ廃止法案、改正法案をつくって国会で審議し、議決を取らなければなりません。中でも憲法については、その廃止や改正の手順さえも明確でないことから、極めてハードルが高いのが事実です。

けれど、すべての法は、内閣によって「執行の停止」が可能です。これは単に「事実上運用をしない」というものであったり、あるいは内閣からの政令や省令、通達によって、その法律の運用の停止を決めることが可能です。

「事実上の運用停止」の事例としては、先述した十七条憲法や大日本帝国憲法の運用停止

があります。

「通達などによる執行停止」は、たとえばオウム事件のような明らかな破壊活動に対して、政府が「破壊活動防止法の適用をしない」といった対応があります。

つまり、たとえば日本国憲法第9条について、国際環境の変化によって、この憲法規定の執行を一時停止する、という行政上の運用は事実上、可能なのです。

このことは憲法のみならず、ほかの法律についてもいえることです。「皇室典範」の規定は、そのまま放置すれば日本から皇位継承権者がいなくなってしまうというリスクがあることが指摘されていますが、それなら「皇室典範」の執行を停止すればいいのです。

執行停止は、廃止でも改正でもありませんから、国会の承認は必要ありません。

そもそも我が国に「皇室典範」なるものが誕生したのは、明治22年（1889）ですが、そのような法がなくても、我が国は2000年以上にわたって皇室を保持してきたのです。

そもそも法律自体が必要ないのです。ですから「実情にそぐわない」と内閣が判断すれば、いつでも執行の停止が可能です。

まるで手品のような話に聞こえるかもしれませんが、物事は、見方を変えれば解決の方法はいくらでもあるものです。

大ベストセラーになった『頭の体操』の著者・多湖輝《たごあきら》先生の言葉です。

「諸悪の根源は個人の頭の固さにある」

第5章

世界が驚く日本という国の〝仕組み〟

本章では、日本独自の社会構造とその変遷を探ります。日本では「家」を一種の法人と考え、財産は家族全体の共有財産とされてきました。この考え方は、職場や地域社会にも広がり、「みんなで支え合う文化」を築いてきたのです。しかし、明治の西洋化や戦後の民法改正により、この仕組みは「家長の個人所有」から「完全な個人主義」へと変化しました。一方、西洋では「所有＝支配」という価値観が根付いており、これが現代のグローバル社会における権力構造にも影響を与えています。本章では、日本が長年培《つちか》ってきた「共有社会」の意義を再認識し、次の時代に向けた指針を提示します。日本独自の価値観が、未来の社会構造にどのような示唆を与えるのか、その本質を探る章です。

1　「12月にクリスマス、1月に初詣」――日本人の特異な宗教観

12月になると、よく引き合いに出されるのが日本人の宗教観です。どういうわけか日本人は、12月25日にはどこのご家庭でもクリスマスをお祝いし、大晦日になるとお寺さんに除夜の鐘をつきに行き、明けて元日になると神社に初詣に行きます。

クリスマスはキリスト教、除夜の鐘は仏教、初詣は神道です。いったい日本人の宗教観はどうなっているのかと、外国人にはとても不思議に思えるのだそうですが、多くの日本人は平気です。

神様になるための「道」、そのための「教え」

どうしてこのようなことになるのかというと、日本人にとって昔ながらの神道は、神様になる道だからです。人は死んだら神になる。家の守り神となり、村の守り神となり、国

の守り神となるというのが、実は縄文以来の日本人の思考です。

縄文以来と言うのには、はっきりとした理由があって、縄文時代の集落の遺跡は全国に何万とありますが、その多くが集落の真ん中に墓地があります。これは生者と死者が共存していたことを表します。人は霊《ひ》が本体、肉体はその乗り物であるというのが、その思考です。ですから亡くなると、肉体は滅んで土に還りますが、魂（霊）は家の守り神、村の守り神、郷里の守り神、国の守り神となると考えられてきたのです。

仏教では亡くなると三途《さんず》の川を渡って極楽浄土へと旅立ちます。そのため葬式は別れを告げる告別式です。死者は旅装束《たびしょうぞく》でお棺に入ります。ところがどういうわけか日本では、旅立ってしまったはずの方の御霊《みたま》がお位牌に入って家の仏壇に納まります。これは仏教に神道の考え方が重ね合わさって生まれた日本独特の習慣です。

人が死んで神様になるという考え方は、ある意味大変に合理的なものです。死んだあとに子や孫たちから「ああ良かった。やっと逝ってくれたよ」と言われるようでは、さすがに悲しい。子や孫たちから「爺ちゃん、ずっと俺たちのことを見守っていてね」と頼まれるくらいのお年寄りになりたいものです。これを「かんながらの道」といいます。詰めて神道です。つまり神道とは「神になるための道」です。

神様になることが目標なのですから、そのため、日本人は仏教であれキリスト教であれ儒教であれ、良い教えであればすべて取り入れます。

このことは大学受験に例えるとわかりやすい。大学受験には志望校合格への道があります。その道をできるだけ真っ直ぐに進んでいくために、数学ならこの先生、英語ならこの先生、歴史ならあの先生と良い教師に付き、できるだけいい参考書や問題集で教えを受けます。ですから神道は文字を見ればわかるように〝神になる道〟であり、仏教、儒教、キリスト教などは、いずれも、そのための〝教え〟とわかります。

日本には「宗教」という言葉がなかった

日本には、もともと「宗教」という言葉がありませんでした。この言葉が生まれたのは幕末のことで、英語の「レリジョン（Religion）」を翻訳する際につくられたものです。それ以前の日本では、仏教であれば「宗門」や「宗派」、神道であれば「かんながらの道」と呼ばれていました。「宗」は根本的な原理、「道」は生きる方向を意味し、仏教では「おおもとへの帰結」、神道では「神とつながる道」として理解されていました。

つまり、日本では「教え」という概念よりも「道」を重視してきたのです。「道」とは、人生をより良く生きるための方向を示すものであり、そこに至るかどうかは個人の選択に委ねられていました。

この点が、西洋の「宗教」とは大きく異なります。西洋の宗教は、特定の神を信じ、その教えに従うことで救済を得るという考え方に基づくからです。

しかし、日本の神道は「神になるための道」として存在し、そのために仏教や儒教、さらにはキリスト教など、いい教えであれば、どんなものでも学ぼうとする柔軟性を持っています。

もう少し具体的に見てみましょう。

西洋の一神教では、「Ｇｏｄ（ゴッド）」とは天地を創造した唯一絶対の存在を指します。

この神は全知全能であり、世界の秩序を決定し、人々に対して信仰を求める存在です。そのため、一神教では神への信仰が絶対的なものとなり、教義に従うことが救済の条件とされています。人々は神の教えに従い、唯一の真理を追求することが求められます。

一方、日本の神々は「八百万《やおよろず》の神々」と呼ばれ、自然界のあらゆるものに神性を見出す考え方に基づいています。山や川、木々、岩、さらには祖先の霊まで、あらゆるものに神が宿るとされます。これらの神々は、天地を創造した存在ではなく、むしろ人々とともにあり、生活の中で敬《うやま》われる存在です。日本の神々は「絶対的な存在」ではなく、「身近で親しみやすい存在」として信仰されてきました。

また、日本では「人は死後、神になる」と考えられてきました。祖先は家や地域の守り神となり、子孫の暮らしを見守る存在とされます。この点で、日本の神々は「先祖崇拝」に近い側面を持っています。英語圏では「Ｇｏｄ」と「Ancestor（祖先）」は明確に区別されますが、日本では両者が重なり合っており、「神」と「祖先」はつながりを持っています。このため、キリスト教などの一神教では「唯一の神を信仰すること」が重視されるのに対し、日本では「神々との共生」が重視されるという違いが生まれます。

さらに、一神教では神の教え（宗教）が絶対的なものであり、それに従うことが信仰の本質とされます。しかし、日本の神道は「道」であり、「どのように生きるか」を示すものです。

神々は人々に特定の教義を押し付けるのではなく、「正しく生きる道」を示す存在であり、それをどう受け取るかは個人に委ねられています。この違いが、日本における宗教観の柔軟さや、多様な宗教の共存を可能にしてきたのです。

人が正しく生きる道のことを「人道」といいますが、人道が大切であることは万国共通の常識です。しかし、人道は「教え」ではなく、教えを通じて得られる結果です。これが、「宗教」と「神道」の本質的な違いです。

そのため、日本では神道と仏教が融合し、「神仏習合」という形で共存してきました。それだけでなく、儒教もまた神道と融合し、「神儒融合」として発展しました。これは、日本が「道」を基盤とする文化を持っていたからこそ可能になったのです。

対照的に、お隣の国には儒教・仏教・道教が共存していますが、それらが融合することはありません。なぜなら、それらはすべて「教え」であり、「道」という概念がないためです。そのため、それぞれの教えが対立しやすく、しばしば政治や社会の混乱の原因ともなります。一方で、日本のように「道」を根幹に持つ文化では、異なる価値観をつなぎ合わせることが可能です。これこそが、日本の文化の強みなのです。

神道と日本人の生き方

日本は稲作の国であり、米づくりは民間の仕事として営まれてきました。人々は、自分たちが食べるために米をつくり、余剰分を備蓄していました。この備蓄が災害時の救済につながり、互いに助け合う社会を築いてきたのです。その調整役を担っていたのが朝廷でした。そのため、日本では政府(朝廷)に対する信頼が根付いており、公正で無私の政治が求められてきたのです。

しかし、どの時代にも、この仕組みを悪用し、私利私欲のために権力を握ろうとする者が現れます。こうした者を排除するための方法は二つあります。一つは武力による抑制、もう一つは民衆の高い教育と文化の育成です。日本が選択したのは後者でした。

日本の文化の本質は、「支配」ではなく「自由」にあります。国王や権力者が民衆を支配するためには「教え」が必要です。なぜなら、人々が自らの「道」を求め始めると、権力者の命令に従わなくなるからです。ですから、日本では「道」を大切にし、それを支えるために「教え」を学ぶ文化が発展してきました。

神道は、日本人にとって「神になるための道」であり、仏教や儒教、キリスト教はそのための「教え」として受け入れられてきました。この考え方があったからこそ、日本では異なる宗教が融合し、独自の文化が形成されてきたのです。現代の日本においても、この精神は根付いており、異なる価値観を柔軟に取り入れることができるのは、「道」を基盤とする文化があるからこそです。

2 「日本人のLGBT観」――そもそも性にとても大らかな日本

LGBT理解増進法の正式名称は「性的指向及びジェンダーアイデンティティの多様性に関する国民の理解の増進に関する法律」といい、2023年6月23日に公布・施行されました。性的指向およびジェンダーアイデンティティに関する国民の理解が必ずしも十分でない現状から、全ての国民が性的指向や性同一性にかかわらずに、相互に人格と個性を尊重し合いながら共生する社会の実現を目指そうというのが、この法律の目的とされています。

「LGBT」という言葉には、次のような人々が含まれるとされています。

L(レズビアン/Lesbian)――女性に対して恋愛感情や性的な魅力を感じる女性
G(ゲイ/Gay)――男性に対して恋愛感情や性的な魅力を感じる男性

B（バイセクシュアル／Bisexual）――男女どちらにも恋愛感情や性的な魅力を感じる人
T（トランスジェンダー／Transgender）――生まれ持った性別とは異なる性自認を持つ人

ＬＧＢＴに関連する言葉として、「ヘテロセクシズム（Heterosexism）」というものがあります。これは「異性愛主義」と訳され、「異性愛こそが正しく、それ以外の性的指向は間違っている」という考え方を指します。

欧米と日本のＬＧＢＴに対する考え方の違い

欧米の社会では、宗教が人々の生き方を決める重要な規範となっていますが、一神教の影響が強い欧米では、「正しい愛の形は異性愛である」と宗教的に定められてきました。そのため、ＬＧＢＴの人々は長い間「異常」と見なされ、社会から排除されることがありました。

しかし、現実には多様な性的指向を持つ人々が存在するため、彼らの権利を守るために「ＬＧＢＴへの差別を法律で禁止しよう」という動きが起こりました。

一方、日本では、歴史的に多様な性のあり方が受け入れられてきたため、欧米のような厳格な「異性愛主義」が根付いていません。しかし、近代以降の西洋化の影響で、異性愛が「標準」と見なされる傾向が強まり、ＬＧＢＴの人々が偏見を受けることもあります。

日本では、昔から多様な性的指向が自然に受け入れられていました。たとえば、戦国時代の武将たちは、家を継ぐために女性と結婚して子どもを残しましたが、戦場に出る際には「御小姓《おこしょう》」と呼ばれる若い男性を側に置くことが普通でした。これは、今でいう「バイセクシュアル」(B)や「ゲイ」(G)にあたる関係です。

また、大奥のような女性だけの世界では、女性同士の恋愛関係(L)が存在していました。これは特別なことではなく、ごく自然に受け入れられていました。

さらに18世紀、佐賀藩士の山本常朝《やまもとつねとも》が書いた『葉隠《はがくれ》』には、「衆道《しゅどう》」という言葉が登場します。これは男性同士の親密な関係を意味する言葉で、そのための作法やマナーまで細かく記されていました。

つまり日本では、古くから同性同士の関係が公《おおやけ》に認められ、そのための礼儀作法まで教えられていたのです。

また、近代の軍隊や、戦後の女子大教授の一部には、ＬＧＢＴの人々がなかば公然と存在していました。とりわけ女子大などでは外国から教授を招く際に、「女性に興味を持たないゲイの方が適任ではないか」という考えで、積極的に採用していた事例もあります。

現代においても、女性が多い職場では、ゲイの男性が管理職として活躍していることは珍しくなく、筆者がいた会社でも、ゲイの男性が女性ばかりの部門の責任者として、優れたリーダーシップを発揮していました。

このように、日本では昔からＬＧＢＴの人々が自然に社会の中で受け入れられていたため、欧米のように「異性愛主義」による強い差別は、そもそも存在していません。つまり、日本では歴史的に多様な性のあり方が受け入れられていたのです。ただ、近代以降の西洋化の影響を受け、異性愛が「一般的なもの」とされるようになったことで、ＬＧＢＴの人々の生きづらさや、社会的な偏見が逆に生まれるようになったという面もあります。

さらに「Q」まで登場

ＬＧＢＴ理解増進法について語られるとき、「ＬＧＢＴ」というだけでなく、ときどき「ＬＧＢＴＱ」という用語が見え隠れします。

では、その「Ｑ」とは何かというと、

Q（クエスチョニングまたはクィア／Questioning・Queer）

・クエスチョニング（Questioning）――自分の性的指向や性自認が定まっておらず、探している人

・クィア（Queer）――従来の性的指向や性自認の枠に当てはまらない人

つまり「Ｑ」の概念は、従来の枠に当てはまらない性自認や性的指向を持つ人々を指しますが、これはあくまでも社会的・倫理的に認められる範囲に限られています。

一方で、「幼児性愛」（ペドフィリア）はまったく別の問題であり、未成年者の権利を著《いちじる》し

く侵害するものです。これは刑法上の犯罪として厳しく処罰されるべき行為であり、ＬＧＢＴＱ運動の支持者も、そのような犯罪行為は断固として否定しています。

幼児性愛というのは、年端もいかない幼児に対する性的指向であって、他国では、大金持ちのそうした嗜好《しこう》を満たすために、少年や少女が拉致され、売買の対象となり、いらなくなると殺処分されるといった事例も紹介されています。こうなると、もはや犯罪であって、日本社会として、とても容認できるものではありません。

これについて、いわゆる都市伝説ではありますが、米国において盛んに行われていたとされる性目的のための幼児誘拐を日本でも行わせるために、日本に「ＬＧＢＴ法案が強要された」というようなウワサが一部で広まっていますが、日本政府は独自の議論を経てＬＧＢＴ理解増進法を成立させており、単なる外圧によるものとは言えません。

つまり、ＬＧＢＴＱの「Ｑ」には、さまざまな性的指向が含まれますが、これは倫理的・社会的に認められる範囲に限られるのです。

実際、ＬＧＢＴＱ運動を推進する団体も、幼児性愛のような犯罪的な行為とは一線を画しており、むしろ、そのような犯罪から子どもを守る立場を取っています。

犯罪を認めるな

実は日本には、サンフランシスコ平和条約後も米軍基地が国内に存続しており、国際関係の影響を強く受ける側面があります。なるほど昭和27年（１９５２）にサンフランシスコ平和条約の発効によって、日本は独立が認められましたが、米軍基地はその後も日本に残ったままです。外国の軍事基地が置かれているという状況では、日本はどうしても、その国の言うことを聞かざるを得なくなります。なぜなら、その国を怒らせでもしたら、国内で大変なことが起きることが予測されるからです。

従って、米国内の犯罪組織や、犯罪的嗜好を持った大金持ちが、米国内で自分たちの犯罪に都合のいい法案を通そうとするとき、先に日本にそれを呑ませる、といったことが行われているというウワサがあります。

つまり、もしかすると、ＬＧＢＴ理解増進法の本来の目的はＱを認めさせること、つまり幼児への犯罪を適法化させてしまおうという要求であった可能性も指摘されています。

この法案が突然降って湧いて議論となったとき、政府与党は、絶対にこうした犯罪行為までをも認めさせる法律にしてはならないと、結果として「理解を求める」ことだけを目的とした法として可決させました。つまり、この法律には「強制力」はなく、特定の行動や制度の義務化を定めたものでもないのです。関係者一同の皆様には、本当に感謝の思いです。

しかし、日本が国際的な動向を考慮することは重要なことですが、必ずしもすべての価値観を受け入れる必要はありません。日本が、日本独自の価値観や文化に基づいた判断を行うのは、当然のことです。

性的嗜好は千差万別ではあるけれど

先述したように、そもそも日本では、性愛の形は千差万別と認識されていました。性愛の形は同性に対するものだけでなく、異性愛であっても、その嗜好は千差万別。体液の交換を伴う性行為を嫌う人もいるし、その逆もある。体を包む布に性的興奮を得る人もあれば、中身にしか興味のない人もいます。

100人の人がいれば100通りの性愛の形があるというのが、むしろ当然で、しかも性愛の嗜好は、これを明確に区別すること自体が不可能とされてきたのが日本社会です。性愛の形は人それぞれ異なっていても、それらを社会的・倫理的に認められる範囲で、多様性を尊重していくことが重要です。

そういえば明治になるまで、銭湯では着替えをする場所は男女別であっても、浴槽は男女共用があたり前でした。

明治の初めにこれを見た外国人が「それで不祥事《ふしょうじ》が起きないのですか?」と驚いて質問しています。けれど日本では起きないのです。理由は簡単です。日本には「自らの嗜好で周囲の他人に迷惑をかけることがあってはならない」という社会通念があったからです。社会通念は、社会常識とも言いますが、その国の長い歴史の中で熟成されるものです。

性的嗜好は人それぞれです。しかし、その嗜好を周囲に強制したり、自分の嗜好が受け入れられないからといって社会と対立したりすることがあってはならないとしてきたのが、そもそもの日本の文化なのです。

日本が古来持っていた伝統文化を、あらためて見直すべきと考えるのは、いまや多くの心ある日本人の常識になりつつあります。世界の趨勢《すうせい》がＬＧＢＴ保護に走っているからと、ただ、やみくもにそれに日本が従うことが政治ではありません。

日本はもともと性について、おおらかな寛容性を持った国です。けれども、それは犯罪行為まで容認するものではありません。

日本には〝日本の道〟があるのです。

3 「日本の家」——日本の家族制度が再び世界で注目される日が来る

日本では1200年以上にわたり、「家」を一種の法人と考える価値観が定着していました。これが制度として確立されたのは孝徳《こうとく》天皇（大化の改新）の時代ですが、その起源は縄文時代にまでさかのぼるともいわれています。

この仕組みが「戸主《こしゅ》制度」です。

この制度のもとでは、「家」は法人のような存在とされ、家の代表者である「戸主」が財産を管理しました。

しかし、この財産はあくまでも「家全体のもの」であり、「戸主の個人財産」ではありませんでした。つまり、家の田畑や財産は家族全員の共有財産であり、息子や娘にとっても「家のもの」は「自分のもの」でもありました。そのため、家族全員で大切に守るべきものと考えられていたのです。

この価値観は職場にも広がりました。

商店や職人の世界では、「親方」が職場の財産を管理し、それは従業員や弟子たちの共有財産と見なされました。こうした考え方のもと、日本社会では「みんなで支え合う文化」が形成され、誰もが豊かに、安全に、安心して暮らせる社会を築いてきたのです。

西洋化と財産制度の変化

しかし、明治時代に入ると西洋の影響を受け、家の財産に関する考え方が大きく変わりました。

明治31年（１８９８）の明治民法では、西洋の流儀に倣《なら》い、家の財産は「家長《かちょう》」の個人財産とされました。さらに、「家長」は最年長の男性（父親や祖父）と法律で定められました。

この制度のもとでは、家の財産は「家に所属するみんなのもの」ではなく、「家長の所有物」とされ、「共有」から「私有」へと大きく転換しました。これは日本社会のあり方を根本から変えるものでした。

さらに、戦後の民法改正（昭和22年〈1947〉）により、「家の財産」という概念そのものが廃止され、すべての財産が「個人の所有」と見なされるようになりました。つまり、夫婦間であっても、親子であっても、すべての財産は登記上「個人のもの」とされ、かつてのような「家」という単位で財産を管理する仕組みが完全に消滅しました。

「共有社会」と「私有社会」の違い

「家の財産を誰のものと考えるか」という価値観の違いは、社会の仕組みそのものに大きな影響を与えます。

具体的には、次の3つの時代の違いを比較すると、その変化がよくわかります。

〈時代〉	**〈財産の所有者〉**	**〈考え方〉**
・大化の改新～明治初期	家全体の共有財産	家の田畑や資産は家に所属する

・明治民法　　家長の個人財産　家の財産は家長のもの
・戦後民法　　個人の財産　　　財産はすべて登記上の個人所有

たとえば、300坪の土地を持っていたとすると、時代によって考え方は次のように変わります。

（1）大化の改新～明治初期　：「300坪の土地は、家全体の共有財産」
（2）明治民法（1898年～）：「300坪の土地は、家長（父親）の個人財産」
（3）戦後民法（1947年～）：「300坪の土地は、登記上の所有者の個人財産」

「共有社会」から「家長社会」、そして「完全な個人主義」へと変化してきたのです。

このように、日本社会は「共有社会」から「家長社会」へ、そして「完全な個人主義」へと変化していきました。

では、日本がこれほど長い間「家の共有」を重視してきたのはなぜでしょうか。その答えは、縄文時代から続く日本独自の社会構造にあります。

日本の村落共同体は、そもそも「所有」という概念を持たなかったといわれています。村の田畑、獲れた魚、狩猟の獲物などは、すべて「村のもの」として共有されていました。これは「神々からの恵みは、みんなで分かち合うもの」という考え方に基づいています。

さらに、稲作が広まると田植えや収穫は村全体の協力で行うものとなり、自然と「田んぼもみんなのもの」『収穫物もみんなで分ける」という意識が根付いていきました。このように、日本では「家」だけでなく、「村」や「国」もまた、一つの共有体として機能していたのです。

日本と西洋の決定的な違い

西洋では、財産や土地は「個人が所有するもの」という考えが強く、歴史的に「領主」や「貴族」が莫大な財産を独占してきました。その結果、貧富の差が極端になり、貧しい者は財産を持つ者の支配を受ける構造が生まれました。

一方、日本では、土地や財産は「みんなのもの」という意識が根付いていたため、極端な貧富の差が生じにくい社会が形成されていました。

しかし、明治以降の西洋化によって、日本も「個人所有」の価値観が強まり、現代では一部の富裕層が極端に資産を独占する状況が生まれています。

一方、西洋では、すべての財産は「個人の所有物」とする考え方が基本でした。

土地、財産、さらには人までもが「所有」の概念によって管理され、「所有＝支配」という価値観が社会の基盤を築いていたのです。

この考え方のもとでは、夫にとって妻や子どもも「所有物」とされ、家や土地、さらにそこで働く人々までもが、所有者の財産と見なされました。支配者は絶対的な権限を持ち、あらゆるものを「私有物」として扱う社会構造が形成されていったのです。

この結果、特定の個人が莫大な富を蓄積することが可能となり、現代においても数千兆円規模の資産を持つ超富裕層が世界を動かすという構図が生まれました。いわゆる「グローバルエリート」や「国際金融資本」と呼ばれる層が、個人所有の論理のもとで、世界の経済や政治を支配しようとしているのです。

「個人による世界支配」は永続しない

しかし、この「個人による世界支配」は決して永続するものではありません。なぜなら、個人の欲望によって成り立っているこのシステムは、本質的に不安定だからです。

たとえば、太陽フレアの爆発などで電子機器が機能不全を起こした場合、世界の金融システムや情報インフラは一瞬で崩壊するでしょう。

個人所有に基づく支配は、一見強固なように見えても、自然の摂理や社会の変動によって、いとも簡単に瓦解するのです。

そして、こうした「個人の欲望が生んだ支配の時代」が終焉を迎える中で、かつて日本が持っていた「共有社会」の価値観が、再び注目される時代が来るのではないでしょうか。

日本の伝統的な「支え合う社会」が、次の時代を築くための新たな指針となるかもしれません。

神々はすでに、新たな時代への準備を始めているのです。

あとがき　分離対立のドグマから目覚めるとき

平成30年（2018）、総務省の情報通信審議会、情報通信政策部会、IoT新時代の未来づくり検討委員会が、2040年までに実現したい未来社会の青写真を発表しました。タイトルは「未来をつかむTECH戦略」です。覚えておいでの方も多いことと思います。

2040年といっても、わずか15年ほど後の話です。今年のお正月が、つい一昨日のことのように感じる昨今、一年なんてあっという間です。そのときにどんな未来社会がやってくるのか。

レポートを見ると、自動運転が常態化する、電力が宇宙からの無線給電になって街から電線がなくなる、バーチャルメガネで目の前にいる人の属性をリアルタイムに映し出すことができ、またどこにいても、そこを映像で自分のオフィスにすることができる。

健康寿命が延びて、１００歳になっても50代の外見と体力を保持することができる。あらゆる言語がリアルタイムに翻訳され、世界中の人と自国の言語でコミュニケーションすることができる。家事のほとんどは、お節介《せっかい》ロボットが代行する。農業の形が変わり、農作業はロボットが行い、農家はパソコンの前で指示をするだけになる……など、実現したい具体的な状況が明確に書かれています。

ところがさらに、平成30年（２０１８）時点では予測さえできなかった半導体の急速な進化により、生成型ＡＩが格段に進歩することが予測されるようになりました。いまの生成型ＡＩは、まだ命令されたイラストを描くくらいしかできませんが、数年後には、人が行う知的生産のほとんどをＡＩが代行するようになります。

ＡＩによって変わる未来

たとえば、どうしても月末までに１０００万円が必要だということになれば、これまでは必死で働くしかなかったのですが、これからは「オイ、コンピュータ、月末までに1000万円のキャッシュを俺の口座に入れてくれ」と命令するだけで、あとはコンピュータが勝手にネット上での売買などを行うようになるのです。こうした進歩によって、いまある産業業種は、その47％が失われると予測されています。

けれど、どんなにＡＩが進歩しても、あたり前のことですが、人の心を手に入れることはできません。

誰かを愛し愛されたり、動物を可愛がったり、仲間たちと楽しい時間を過ごしたりといった、人としての内面的魅力をアップすることは、コンピュータが必要なノウハウの提供はできても、最後は自分で努力しなければなりません。

つまり、ハイテクが進歩すればするほど、ふれ合いや愛情、人間味といった、原初の昔から大切にされてきた人としての大事なことが、ますます求められるようになるし、人々がさまざまな労働から解放される結果、より一層、そうした人間としての根幹の需要が高まり、それが新たな産業となり雇用を生むようになります。

「我の文明」と「和の文明」

ところが、ここに大きな問題があります。西洋型文明は「我の文明」であり、人と人との信頼がなく、勝利や支配を優先する。では、世界において正直や信頼、人との絆や協力を大事にする文化がどこにあるのかというと、日本です。なぜなら日本文化は「和の文明」だからです。

少し嚙《か》み砕《くだ》いてみます。

ややデフォルメして考えると、西洋文明は、個人の意志や欲望を重視し、「我《エゴ》」を中心とする価値観に立脚した文明であると言えます。これは「闘争の文化」に根ざしており、歴史の中では国家間や民族間の支配と戦争が繰り返されてきました。そして敗れた側の人々は、男女を問わず奴隷とされ、奴隷となった人々は、物のように扱われる社会構造が長く続いていたという特徴があります。

ところがそうなると、人は生き残るために「嘘をついてでも生き残った者が勝ち」という思考を持つようになり、これを正当化します。そして誰もがそうした考え方に取り憑《つ》かれると、生き残るために、人々は絶えず戦い続けなければならなくなります。そして人間関係さえも、瞬間瞬間に目の前の人に勝利し続けなければならなくなります。結果、真実そのものよりも、目の前の勝利や成功が優先されるようになります。こうして社会全体に嘘が積み上げられ、ついには本当の姿が見えなくなり、ただ、宗教的癒《い》やしばかりが求められるようになります。

一方、日本は「和《やわらぎ》」を中心とした価値観を大切にする文明を築きました。これは「争い」よりも「結びつき」や「調和」を重んじる文化です。そのためには信頼が不可欠です。信頼は、万古不易《ばんこふえき》――すなわち、時代が変わっても変わらない普遍的な価値に基づきます。こうして日本では、先人たちの知恵を受け継ぎながら、相互信頼に基づく安定した社会を築いてきたのです。

日本の伝統的な国家観では、民《たみ》は天皇の「大御宝《おほみたから》」です。これは、支配ではなく、民を慈《いつく》しむ思想を根底に置くものです。社会の中心に慈しみがあると、人々は自然と「争いよりも信頼」を優先し、人と人とのつながりや絆、協力を大切にするようになります。

そしてそのためには、誰もが正直に、真心をもって生きることが大切とされる文化が生まれます。

このため日本では、精神的な救いや倫理観は、特定の宗教的権威によらずとも、人々の内なる誠実さや自然との共生などによって保持されてきたという特徴があります。

ようやくいま、世界は日本の「和の文明」によって、分離から統合へ、対立から結びへと、これから進化しようとしています。中心にあるのは、再び、日本です。

日本人はいま、分離対立のドグマから、目覚めるときを迎えているのです。

早咲きの桜の花が舞う日

小名木善行

小名木善行（おなぎ　ぜんこう）
昭和31年(1956) 1月生まれ。静岡県浜松市出身。国史啓蒙家・古典文学研究者。日本の心を解き明かす国史啓蒙の第一人者として、古事記や日本書紀、万葉集、百人一首など、日本の古典文学や歴史研究において幅広い活動を展開。日本の伝統文化と精神を現代に伝えるべく、数々の著書を世に送り出している。近年はYouTube『CGS』や『結美大学』などの動画出演でも注目を集め、2013年8月より独自のYouTubeチャンネル『倭塾』を開催。日本文化の魅力を世界に発信し続け、その幅広い知識と深い洞察力で、日本の未来への希望を語る活動を続けている。ねずさんの愛称で知られる。
主な著書：『日本建国史』『ねずさんの日本の心で読み解く百人一首』〈日本図書館協会推薦〉『ねずさんと語る古事記1 ～ 3巻』『ねずさんの奇跡の国 日本がわかる万葉集』『ねずさんの世界に誇る覚醒と繁栄を解く日本書紀』『庶民の日本史』『縄文文明』など多数

日本《にほん》をつくったのは誰《だれ》か
ねずさんが描《えが》く異説《いせつ》の日本史《にほんし》

2025年 4 月29日　初版発行

著　者　小名木 善行

発 行 者　鈴木 隆一

発 行 所　ワック株式会社
東京都千代田区五番町 4 - 5　五番町コスモビル　〒 102 - 0076
電話　03 - 5226 - 7622
http://web-wac.co.jp/

印刷製本　株式会社DNP出版プロダクツ

ISBN978-4-89831-921-5